Weitere Titel siehe letzte Seite.

Inhalt

Das Land der Deutschen

Deutsche Nationalflagge

Seit 1950 wird der Bundesadler als Hoheitszeichen auf dem Wappen verwendet. Ein deutsches Staatssymbol ist das Bild des Adlers schon seit Karl dem Großen.

Deutschland ist eine Bundesrepublik.

Bundesrepublik

Das bedeutet, dass sich mehrere Länder zu einem Bund zusammengeschlossen haben. Man spricht auch von einem föderalen Bundesstaat (lat. „foedus“ = Bündnis). Die 16 deutschen Länder haben jeweils eine eigene Verfassung, ein eigenes Parlament (Landtag) und eine eigene Landesregierung. In den drei Stadtstaaten heißt das Parlament Abgeordnetenhaus (Berlin) oder Bürgerschaft (Hamburg und Bremen). Alle Flächenstaaten haben eine Landeshauptstadt. Die übergeordnete gesamtdeutsche Bundeshauptstadt war von 1990 bis 1999 Bonn, seit 1999 ist es wieder Berlin.

Die 16 deutschen Länder werden um-

Länder

gangssprachlich häufig „Bundesländer“ genannt. Sie haben eine lange Geschichte, auch wenn sie in der heutigen Form erst seit dem Ende des Zweiten Weltkriegs bzw. seit der Wiedervereinigung bestehen. Das Land Württemberg zum Beispiel entstand schon ab dem 11. Jahrhundert aus dem Herrschaftsgebiet der gleichnamigen Adelsfamilie. Auch Schleswig, Sachsen, die Pfalz, Thüringen, Hessen oder Bayern gab es bereits im Mittelalter als Grafschaft, Herzogtum oder Königreich. Nach dem Krieg wurden die Gebiete ab 1945 zunächst im Westen neu geordnet. Die so geschaffenen Länder bekamen eine wichtige politische Rolle. Jedoch wurden bei den neuen Landesgrenzen historische und regionale Zusammenhänge nicht immer berücksichtigt. 1957 kam im Südwesten das Saarland – das bis dahin eng an Frankreich gebunden war – nach einer Volksabstimmung als letztes Bundesland hinzu. Das Gebiet der ehemaligen DDR wurde in insgesamt 14 Bezirke umgewandelt, die alle zentral der Regierung in der Hauptstadt Ostberlin unterstellt waren. Nach der Auflösung der DDR wurden aus diesen Bezirken 1990 die fünf neuen Länder Thüringen, Sachsen, Sachsen-Anhalt, Brandenburg, Mecklenburg-Vorpommern und der Stadtstaat Berlin.

Schon im 19. Jahrhundert trugen Studen-

Nationalflagge

ten in den Befreiungskriegen gegen Napoleon Uniformen in den Farben unserer heutigen Nationalflagge, nämlich Schwarz, Rot und Gold: schwarze Mäntel mit goldfarbenen Knöpfen und roten Aufschlägen an den Ärmeln. Schwarz-Rot-Gold wurde wie auch die 3. Strophe des Deutschlandliedes zum Symbol für Recht und Freiheit.

Deutsche Nationalhymne seit 1952

Einigkeit und Recht und Freiheit
für das deutsche Vaterland!
Danach lasst uns alle streben
brüderlich mit Herz und Hand!
Einigkeit und Recht und Freiheit
sind des Glückes Unterpfand.
Blüh im Glanze dieses Glückes,
blühe, deutsches Vaterland.

Melodie:
„Kaiserhymne“ von Joseph Haydn
Text:
„Das Lied der Deutschen“, 3. Strophe, von August Heinrich Hoffmann von Fallersleben

Seit der Wiedervereinigung feiert

Nationalfeiertag

Deutschland jedes Jahr am 3. Oktober seinen Nationalfeiertag. An diesem Tag trat 1990 der Einigungsvertrag in Kraft. Deshalb wird er auch der „Tag der Deutschen Einheit“ genannt und ist ein gesetzlicher Feiertag. Jedes Jahr wird in einem anderen Bundesland das offizielle Fest mit Reden, Musik, Theater, Spielen und vielen Aktionen gefeiert.

Die Sprache war das Bindeglied der deut-

Deutsche Sprache

schen Länder im Mittelalter und der frühen Neuzeit, aber auch schon der Germanen. Das Wort „deutsch“ (= die Sprache des Volkes sprechend) in anderen Sprachen erinnert noch heute an die germanischen Stämme: das englische „german“ an die Germanen, das französische „allemand“ an die Alemannen, das italienische „tedesco“ an die Teutonen. Eine weitgehend vereinheitlichte deutsche Sprache entstand aber erst am Ende des Mittelalters mit der Reformation. Ebenso wie die unterschiedlichen Regionen lange Zeit politisch stark zersplittert waren, gab es jedoch weiterhin vielfältige Dialekte. Diese Unterschiede kann man noch heute deutlich hören.
Die offizielle Standard- und Amtssprache in Deutschland, die heute in allen öffentlichen Bereichen, den Medien, Schulen und Universitäten verwendet wird, ist Hochdeutsch.

Steckbrief Deutschland

Fläche: 357 000 Quadratkilometer
Hauptstadt: Berlin
Einwohner: ca. 82 Millionen
Regierungsform: Demokratie
Nachbarstaaten: Dänemark, Niederlande, Belgien, Luxemburg, Frankreich, Schweiz, Österreich, Tschechische Republik und Polen
Höchster Berg: Zugspitze, 2 962 m
Größte Insel: Rügen, 930 km²
Längster Fluss: Rhein, 865 km
Größter See: Bodensee, 536 km²

Geografie und Natur

Welches Klima herrscht in Deutschland?

Deutschland liegt in der gemäßigten Klimazone. Im Süden Europas herrscht subtropisches Mittelmeerklima mit heißen Sommern, die nordeuropäischen Länder reichen bis in die polare Klimazone mit sehr kalten Wintern hinein. Im Westen Europas herrscht maritimes Klima: Die Temperaturunterschiede zwischen Sommer und Winter sind nicht so groß. Im Osten dagegen sorgt das kontinentale Klima für heiße Sommer und kalte Winter. Deutschland liegt geografisch und klimatisch genau mittendrin.

Das Klima bei uns wird vor allem durch die warmen Westwinde und den Golfstrom bestimmt. Diese Meeresströmung im Atlantik wirkt wie eine gigantische Fernheizung: Mit großer Geschwindigkeit fließt warmes Wasser aus dem Golf von Mexiko nach Europa. So gibt es in Deutschland mäßig warme Sommer und milde Winter, dazu wechselhafte Übergangszeiten, nämlich Frühling und Herbst.

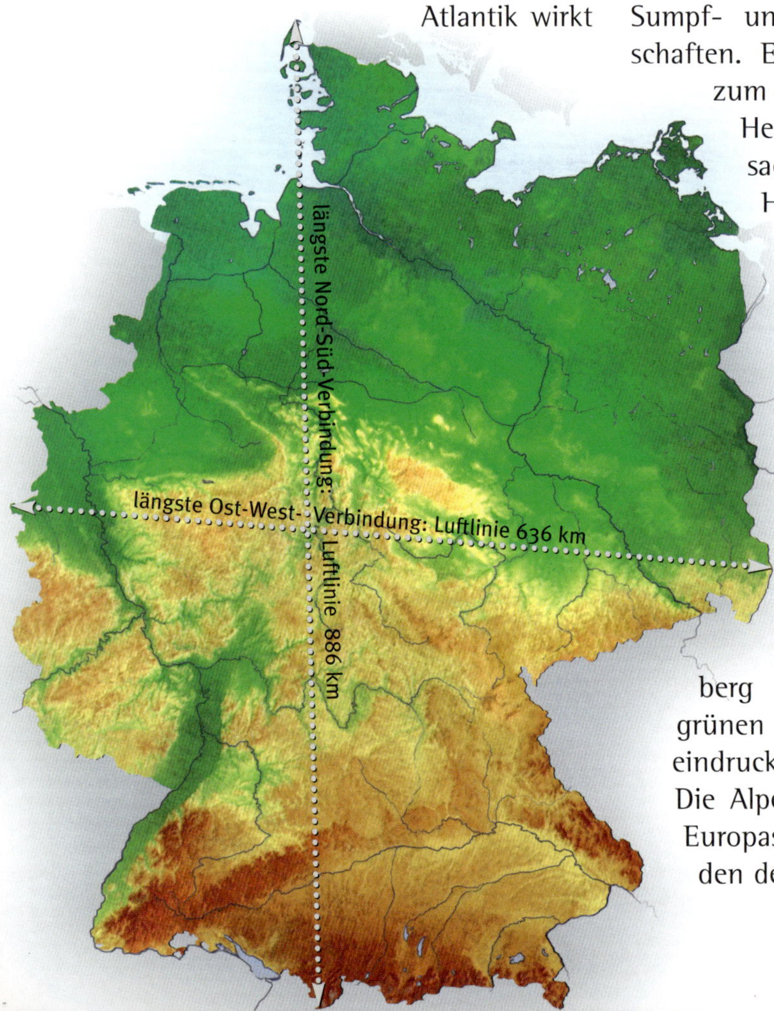

Wie sieht die Landschaft in Deutschland aus?

Die Landschaft in Deutschland kann von Norden nach Süden in vier Gebiete aufgeteilt werden: die Norddeutsche Tiefebene, die Mittelgebirgszone, das Alpenvorland und die Alpen.

Von der Nord- und Ostsee her beginnt das Norddeutsche Tiefland. Es besteht aus sanft geschwungenem, flachem Ackerland, ehemaligen Sumpf- und sandigen Heidelandschaften. Eine beliebte Region ist zum Beispiel die Lüneburger Heide. Sie liegt in Niedersachsen zwischen Bremen, Hamburg und Hannover. Südlich davon bis zur Donau kommt die Mittelgebirgszone mit einer Höhe zwischen 300 und 1 500 Metern. Das größte deutsche Mittelgebirge ist der Schwarzwald. Weiter im Süden schließt das Alpenvorland an. Bayern und Baden-Württemberg sind berühmt für ihre grünen Hügellandschaften und eindrucksvollen Ausblicke.
Die Alpen, das höchste Gebirge Europas, beginnen ganz im Süden des Landes.

Wälder

Vor 2 000 Jahren war das Gebiet des heutigen Deutschland fast vollständig von Laubwäldern bedeckt. Heute besteht nur noch knapp ein Drittel der Fläche aus Wald – jedoch stehen dort hauptsächlich Fichten und Kiefern. Erst dann kommen die Laubbäume wie Buchen und Eichen. Nadelbäume werden seit dem 19. Jahrhundert verstärkt gepflanzt, weil sie schneller wachsen und mehr nutzbares Holz liefern als Laubbäume. Durch einseitige Bepflanzung und falsche Standortwahl werden sie allerdings häufiger von Borkenkäfern und anderen Insekten befallen.

Inseln

Zu Deutschland gehören etwa 60 Meeresinseln, die in der Nord- und Ostsee liegen. Die größte davon ist Rügen in der Ostsee. Die Inseln der Nordsee werden grob unterteilt in Ostfriesische (z. B. Borkum) und Nordfriesische Inseln (z. B. Sylt). Sie liegen im größten Wattenmeer der Welt. Bei Ebbe wird der Meeresboden des Küstenstreifens trockengelegt und bietet für Tiere und Pflanzen einen einzigartigen Lebensraum.

Die grüne Fläche auf der Karte links zeigt das Norddeutsche Tiefland. Zwischen der Mittelgebirgszone, die südlich daran angrenzt, und den dunkel eingezeichneten Alpen ganz im Süden liegt das Alpenvorland.

Tiere

In Deutschland sind etwa 45 000 Tierarten beheimatet! Für die frei lebenden Tiere haben sich die Lebensbedingungen in den letzten Jahrzehnten jedoch stark verändert, was unter anderem an der zunehmend intensiven landwirtschaftlichen Nutzung von Flächen liegt.

Zu den häufigsten in Deutschland lebenden Säugetieren zählen Rehe, Hirsche, Dachse, Füchse und Wildschweine. Ihnen ist es gelungen, sich anzupassen. Zahlreiche Tierarten jedoch, wie zum Beispiel der Feldhase, finden kaum mehr einen geeigneten Lebensraum, andere sind bedroht oder in Deutschland sogar schon ausgestorben, wie der Braunbär. Der Luchs und der Wolf waren ebenfalls schon ganz aus deutschen Wäldern verschwunden, wanderten in den letzten Jahren aber wieder aus Nachbarländern ein und vermehrten sich.

Auch in der Vogelwelt verringerte sich die Artenvielfalt. Zum Beispiel hat sich der Lebensraum von Störchen stark verkleinert. Der Seeadler, das Wappentier von Deutschland, war um 1900 schon fast ausgerottet. Mittlerweile ist er aber gesetzlich geschützt und es leben wieder etwa 500 Brutpaare in Deutschland. Aufgrund der Gewässerverschmutzung ist auch bei den Fischen der Artenreichtum zurückgegangen. Die Bestände an Bachforellen zum Beispiel haben aber erfreulicherweise wieder zugenommen.

Wo leben die meisten Menschen in Deutschland?

Deutschland ist mit mehr als 82 Millionen Einwohnern das bevölkerungsreichste Land der Europäischen Union. Die Bevölkerungsdichte, also die Anzahl der Menschen bezogen auf die Fläche, ist jedoch von Region zu Region sehr unterschiedlich. Etwa die Hälfte aller Bundesbürger wohnt in Nordrhein-Westfalen, Bayern und Baden-Württemberg. Am dichtesten besiedelt aber sind die Stadtstaaten Berlin, Hamburg und Bremen. Die ostdeutschen Bundesländer und Norddeutschland dagegen haben die geringste Bevölkerungsdichte.

Seit dem 19. Jahrhundert zieht es die Menschen verstärkt von den Dörfern in die Städte (eine Kleinstadt beginnt ab 2000 Einwohnern). Beschleunigt wird diese Landflucht heutzutage durch hohe Arbeitslosigkeit und den Rückgang von Geburten. Es entsteht ein Teufelskreis: Wo Arbeit fehlt, wandern junge Menschen ab. Wo junge Familien fehlen, krankt die Wirtschaft. Wo die Wirtschaft krankt, fehlt Arbeit.

Samstagstrubel auf der Frankfurter Zeil

Im Osten trifft diese Entwicklung nicht nur Dörfer, sondern auch Städte, weil viele Menschen in den Westen gehen. Aber auch in den alten Bundesländern verlieren bestimmte Gebiete immer mehr Menschen, zum Beispiel die ehemaligen Industriereviere im Saarland und Ruhrgebiet.

Durch seine zentrale Lage in Europa ist Deutschland beim weltweiten Luftverkehr ein wichtiger Knotenpunkt. Es gibt über 15 große Flughäfen mit Verbindungen in alle Welt. Der größte deutsche Flughafen ist in Frankfurt am Main.

Verkehrsnetz

Für Eisenbahnen gibt es ein Schienennetz von etwa 36 000 Kilometern. Vor allem Berufstätige nutzen die Bahnen im Nah- und Fernverkehr auf dem Weg zur Arbeit. Auf weiten Strecken kommt man am schnellsten mit dem Intercityexpress (ICE) voran. Er verbindet mit einer Geschwindigkeit von bis zu 300 Kilometern pro Stunde Großstädte im In- und Ausland.

Auf den insgesamt rund 7500 Kilometer langen Wasserstraßen wie Flüssen und Kanälen, aber auch auf dem Meer werden hauptsächlich Waren transportiert. Wichtige Seehäfen befinden sich in Hamburg, Wilhelmshaven, Bremen, Rostock und Lübeck.

Fast vier von fünf Reisenden in Deutschland sind mit dem Auto unterwegs. Denn vor allem durch das dichte Autobahnnetz von über 120 Strecken mit etwa 12 400 Kilometern Gesamtlänge sind viele Orte sehr schnell zu erreichen. Das gesamte Straßennetz umfasst mehr als 230 000 Kilometer!

Schaufelradbagger beim Braunkohletagebau in Jänschwalde (Brandenburg)

Gibt es in Deutschland Bodenschätze?

Wertvolle Bodenschätze wie Gold, Silber, Erdöl, Gas, Uran oder Kupfer gibt es in Deutschland nicht oder nur in geringen Maßen. Bedeutende deutsche Bodenschätze sind allein Salz- und Kohlevorkommen. Alle anderen Rohstoffe müssen zum Großteil importiert, das heißt im Ausland eingekauft werden.

Salzlagerstätten mit Steinsalz oder Kalisalz gibt es zum Beispiel um Freiburg und Hannover sowie in Thüringen und Bayern. Steinkohle findet sich in erster Linie im Ruhrgebiet und im Saarland; Braunkohle im rheinischen Revier Köln-Aachen, in der Lausitz und der Leipziger Bucht.

Steinkohle und Salz werden tief unter der Erde im Bergbau gewonnen. Die Braunkohle hingegen liegt meist nicht so tief und wird vorwiegend oberirdisch im Tagebau abgetragen. Riesige Schaufelradbagger „fressen“ sich durch die Landschaft und zerstören Städte und Wälder. Das ist ein Grund dafür, dass im Laufe der letzten Jahre die Fördermengen zurückgegangen sind – aber auch weil die Umwelt durch die Verbrennung der Braunkohle zur Energiegewinnung enorm belastet wird.

Zechensterben

Im Ruhrgebiet wurde bereits im 14. Jahrhundert nach Steinkohle gegraben. Moderne Motoren und Dampfmaschinen sorgten ab dem 18. Jahrhundert für einen gigantischen Boom im Kohlebergbau. Nach dem Zweiten Weltkrieg erlebten die Bergleute im Ruhrgebiet eine letzte Hochphase, als das „Wirtschaftswunder“ auch von der Steinkohle angefeuert wurde. Doch dann wurde mit dem Erdöl ein viel billigerer Energieträger nach Deutschland verkauft. Ein massives Zechensterben war die Folge: Von über 150 Bergwerken (1957) waren 2007 nur fünf Zechen übrig.

Diese Bergleute arbeiten bei 35 Grad Celsius in einer Tiefe von 1400 Metern unter Tage.

Schlaglichter der deutschen Geschichte

Seit wann gibt es Deutschland?

Die deutsche Geschichte begann schon lange vor der Geburtsstunde des Staates Deutschland. Der römische Feldherr Julius Cäsar machte in seinem Buch über den gallischen Krieg etwa 50 Jahre v. Chr. den Begriff „Germanen“ bekannt. Für ihn war es ein Volk wilder Barbaren. Dabei konnte von einem einzigen Volk gar keine Rede sein: Es waren ganz unterschiedliche Stämme, die sich brutal bekämpften und verschiedene Mundarten sprachen.

Um 500 n. Chr. entstand ein großes Frankenreich, das nach und nach zum Christentum übertrat. Karl der Große (747–814) vergrößerte durch Kriege das Reich und wurde 800 n. Chr. vom Papst in Rom zum Kaiser ernannt. Er sah sich in direkter Nachfolge der römischen Kaiser und glaubte, dass die Macht der Römer auf sein fränkisches Reich übergegangen sei. Dies war der Beginn des abendländischen Kaisertums.

Nach dem Tod von Karl dem Großen und nach Streitereien seiner Enkel wurde das Reich geteilt. Aus dem westlichen Teil, dem Westfränkischen Reich, sollte später Frankreich entstehen, aus dem Ostfränkischen Reich entstand Deutschland.

Otto I. (912–973) dehnte das Ostfränkische Reich wieder vom Mittelmeer bis an die Nordsee aus. Er griff Karls Kaiseridee auf und ließ sich 962 in Rom vom Papst zum Kaiser des Römischen Reiches krönen. Ab 1254 wurde es „Heiliges Römisches Reich“ genannt, erst im 15. Jahrhundert bekam es den Zusatz „Deutscher Nation“.

Die Kaiserkrönung von Otto I. und die damit verbundene Reichsgründung gilt als Beginn der deutschen Geschichte, auch wenn das Reich noch kein Nationalstaat war, sondern aus vielen, größtenteils eigenständigen Gebieten bestand.

Marmorthron von Karl dem Großen im Aachener Dom (oben)

Büste von Karl dem Großen

Römerspuren

Das römische Gebiet erstreckte sich im 1. Jahrhundert n. Chr. auch auf weite Teile West- und Süddeutschlands. Dort entstanden römische Siedlungen und Städte, wie zum Beispiel Trier, Mainz und Köln. Mit den Römern gelangte die lateinische Sprache nach Mitteleuropa, die über viele Jahrhunderte die Politik, Kirche und Wissenschaft dominierte.

In Trier kann man noch heute die „Porta Nigra“ aus der Römerzeit bewundern.

Chlodwig I. (466–511), ein zunächst unbedeutender Teilkönig, vereinigte mit List und Krieg mehrere germanische und romanische Stämme zu einem Großstamm der Franken.

Unter dem Decknamen „Junker Jörg“ wurde Luther auf der Wartburg versteckt. Dort übersetzte er das Neue Testament ins Deutsche. Er verwendete eine bildreiche Umgangssprache, was bahnbrechend für die Sprachentwicklung im Reich war.

Johannes Gutenberg

(ca. 1400–1468) erfand um 1450 den Buchdruck mit beweglichen Lettern aus Metall – also auswechselbaren Buchstaben und Zeichen, die zu einer Druckplatte zusammengesetzt wurden. Erst durch diese Erfindung war die Massenproduktion von Schriften und Büchern möglich. Es war Gutenberg zu verdanken, dass sich zum Beispiel Luthers Schriften schnell im ganzen Land verbreiten konnten.

Was passierte während der Reformation?

In den Jahrhunderten nach der Gründung des Heiligen Römischen Reiches kam es häufig zu Machtkämpfen zwischen Kaiser und Papst. Die Religion und die Kirche spielten damals noch eine viel wichtigere Rolle, als das heute der Fall ist. In Rom saß Anfang des 16. Jahrhunderts der maßlose Papst Leo X., der für den Neubau des Petersdomes viel Geld brauchte. Deshalb ließ er überall im Reich Ablassbriefe verkaufen. Die Menschen erkauften sich damit ihre Befreiung von der Sündenschuld. Für die Kirche war das sehr einträglich.

Der Mönch und Theologieprofessor Martin Luther (1483–1546) wandte sich 1517 gegen diese Missstände. Er wollte mit 95 Thesen die Kirche reformieren, also erneuern und umgestalten. Doch stellte er mit seiner Reformation die Kirche infrage. Er wurde vom Papst mit einem Bann belegt und von Kaiser Karl V. für vogelfrei erklärt: Jeder hätte ihn straffrei töten können. Doch sein Landesfürst half ihm bei der Flucht auf die Wartburg bei Eisenach in Thüringen.

Weil sich andere Fürsten ebenfalls auf Luthers Seite schlugen, kam es im Reich zu Kriegen, die erst 1555 mit dem Augsburger Religionsfrieden endeten. Fortan gab es katholische und evangelische Kirchen. Die Fürsten – nicht der Kaiser – durften entscheiden, welche Glaubensrichtung in ihren Ländern gelten sollte: „cuius regio, eius religio“ (lateinisch für wörtlich „wessen das Land, dessen die Religion“).

Wie kam es zum Dreißigjährigen Krieg?

Der Frieden hielt jedoch nur 63 Jahre. Die aufgestauten Probleme zwischen Katholiken und Protestanten entluden sich ab 1618 in einem Gemetzel, das drei Jahrzehnte dauern sollte: dem Dreißigjährigen Krieg. Nach etlichen Schlachten und schrecklichen Seuchen war fast ein Drittel der Bevölkerung tot. Was als Glaubenskrieg begonnen hatte, entwickelte sich erneut zu einem Machtkampf zwischen den Kurfürsten und dem Kaiser. Am Ende folgte 1648 in einem verwüsteten Land der Westfälische Frieden. Sieger waren wieder die Fürsten. Und so blieb das Heilige Römische Reich Deutscher Nation ein Flickenteppich kleiner Provinzregionen ohne zentrale Hauptstadt, während sich die Nachbarländer zu Nationalstaaten entwickelten.

Aufklärung

Immanuel Kant

Das 18. Jahrhundert war in ganz Europa die Epoche der Aufklärung, auch Zeitalter der Vernunft genannt. Die Vordenker befreiten sich von alten, starren Denkmustern und hinterfragten ihre Herrscher kritisch. Der freie Mensch sollte nur mit seiner Vernunft den rechten Weg und die Wahrheit finden. So wurde auch verstärkt an den Glaubenssätzen der Kirchen gezweifelt, weil die aufblühenden Wissenschaften auf zahlreiche Fragen ganz andere Antworten als die Religion fanden. Bekannte deutsche Aufklärer waren zum Beispiel Georg Friedrich Hegel (1770–1831) und Immanuel Kant (1724–1804).

Wer war Friedrich der Große?

Unter den Provinzregionen nahm das protestantische Preußen eine besonders wichtige Stellung ein. Im Jahr 1740 bestieg Friedrich II. (1712–1786) den preußischen Thron und bekam noch zu Lebzeiten den Beinamen „der Große". Er war ein Herrscher der extremen Gegensätze: rückständig und fortschrittlich zugleich. Als König von Preußen förderte er das freie Denken in Kunst, Kultur und Wissenschaft, verlangte aber gleichzeitig von seinen Bürgern und Soldaten erbarmungslos Disziplin und Pflichterfüllung.

Friedrich der Große war ein aufgeklärter Herrscher mit einer völlig neuen Einstellung zum Staat: Er sah sich selbst als „ersten Diener des Staates" und musste sich wie alle anderen an die Gesetze halten. Er führte die Presse- und Religionsfreiheit ein, schaffte die Folter ab und ließ viele Schulen bauen.

Von seinem Vater hatte Friedrich der Große eine gut ausgebildete und gnadenlos gedrillte Armee übernommen. Deren Überlegenheit und sein militärisches Geschick waren die Gründe für den Aufstieg und die Machtfülle Preußens in der zweiten Hälfte des 18. Jahrhunderts.

Wie veränderte Napoleon Deutschland?

1804 ernannte sich in Frankreich ein Mann selbst zum Kaiser, der Europa deutlich verändern sollte: Napoleon Bonaparte (1769–1821). Er schlug die Truppen von Österreich und Preußen und zog siegreich in Wien und Berlin ein. Im Südwesten machte er aus vielen kleinen Fürstentümern einige wenige große Länder und beendete damit die Kleinstaaterei. Als sich 1806 diese deutschen Länder mit Frankreich verbündeten und einen Rheinbund gründeten, erklärte Kaiser Franz von Österreich das Heilige Römische Reich Deutscher Nation für beendet. Nach über 800 Jahren war das führende politische Gebilde im Zentrum Europas Geschichte.

DUALISMUS bedeutet Zweiteilung und beschreibt den Konflikt der beiden deutschen Großmächte Preußen und Österreich im 18. und 19. Jahrhundert. Die aufgeklärten Alleinherrscher Friedrich der Große und Kaiserin Maria Theresia von Österreich (1717–1780) stehen für diesen Streit und prägten das Heilige Römische Reich Deutscher Nation. Aus etlichen Kriegen ging Preußen als Sieger hervor.

Friedrich II., der „Alte Fritz", verhalf der Kartoffel zum Durchbruch in Deutschland. Nach Hungersnöten zwang er seine Bauern, Kartoffeln anzubauen, um seine Bürger und vor allem Soldaten besser versorgen zu können.

Hambacher Fest

Unter der französischen Vorherrschaft entwickelte sich erstmals ein deutsches Nationalgefühl, das die anfängliche Sympathie gegenüber Napoleon in Feindschaft umschlagen ließ. Diese entlud sich in den Befreiungskriegen. In der Völkerschlacht bei Leipzig wurde Napoleon 1813 besiegt. Er musste sich aus Deutschland zurückziehen. Der Rheinbund wurde aufgelöst.

Deutscher Bund

Nach dem Sturz Napoleons wurde 1814–1815 beim Wiener Kongress eine neue politische Ordnung in Europa beschlossen. Ein Ergebnis war die Gründung des Deutschen Bundes, eines lockeren Verbundes von souveränen Staaten und freien Städten.

Welche Ziele hatte die deutsche Revolution?

Viele Menschen waren mit der Entwicklung im Deutschen Bund unzufrieden. 1832 versammelten sich deswegen im Hambacher Schloss in der Pfalz rund 30 000 Menschen, darunter viele Studenten, zum sogenannten Hambacher Fest. Dort forderten sie eine demokratische Republik sowie ein freies und einiges Deutschland. Die Obrigkeit reagierte mit Härte: Die Presse- und Redefreiheit wurde eingeschränkt, Demonstranten wurden verhaftet und überwacht.

Dieser Konflikt entlud sich im März 1848 in einer Revolution. Überall im Deutschen Bund kämpften Bürger nun mit Waffen für demokratische Reformen. Die Fürsten beeilten sich, freie Wahlen zu einem Bundestag zuzulassen: Am 18. Mai 1848 fand in der Frankfurter Paulskirche die deutsche Nationalversammlung statt. Es war das erste frei gewählte gesamtdeutsche Parlament.

Als Regierungsform wurde die konstitutionelle Monarchie gewählt: Der preußische König Friedrich Wilhelm IV. sollte als Kaiser an der Spitze stehen, Gesetzgebung und Regierungskontrolle sollten vom Reichstag ausgehen. Doch der preußische König weigerte sich, die Kaiserkrone aus der Hand des „gemeinen Volkes" anzunehmen.

Letztendlich setzten sich erneut die Fürsten durch. Mit militärischem Druck sorgten sie dafür, dass die Versammlung aufgelöst wurde und die geplante Verfassung nicht in Kraft trat. Wieder war die deutsche Einheit gescheitert.

In der Frankfurter Paulskirche tagte von Mai 1848 bis Mai 1849 das erste deutsche Parlament. Es war zwar frei gewählt, doch waren nicht alle gesellschaftlichen Gruppen darin vertreten.

Wie entstand der erste deutsche Nationalstaat?

1862 ernannte der preußische König Wilhelm I. Otto von Bismarck zum preußischen Ministerpräsidenten. Dessen Ziel war ein starker Nationalstaat – und zwar ohne Österreich. Es kam zum Krieg. Nach dem Sieg Preußens über Österreich wurde der Deutsche Bund 1866 aufgelöst und der Norddeutsche Bund gegründet. 17 deutsche Kleinstaaten nördlich des Mains schlossen sich der Führung Preußens an.

Dies erregte den Widerwillen Frankreichs, das seine Vorherrschaft in Europa bedroht sah. 1870/71 kam es zum Deutsch-Französischen Krieg. Dem Norddeutschen Bund schlossen sich dabei auch die süddeutschen Länder (ohne Österreich) an und besiegten Frankreich. Daraufhin entstand 1871 zum allerersten Mal ein deutscher Nationalstaat: das Deutsche Reich. Die Sieger gründeten es wenige Tage vor der Kapitulation Frankreichs – ausgerechnet im Schloss Versailles bei Paris. Eine Siegesfeier als Reichsgründung demütigte Frankreich zusätzlich und belastete das Verhältnis beider Staaten für lange Zeit.

Das deutsche Volk hatte nun eine Einheit, aber noch keine Freiheit. Es gab zwar eine Verfassung, doch der Reichskanzler Bismarck war nur dem neuen Kaiser Wilhelm I. verantwortlich, nicht dem Parlament. Bismarck unterdrückte die Arbeiter und die Katholiken, sorgte aber auch für soziale und wirtschaftliche Reformen.

Otto von Bismarck (1815–1898) wurde auch „eiserner Kanzler" genannt, weil er die großen Fragen der Zeit durch „Blut und Eisen" – also Krieg – entscheiden wollte.

Am 18. Januar 1871 wurde König Wilhelm I. von Preußen im Spiegelsaal von Versailles zum Deutschen Kaiser ernannt.

Wie kam es zum Ersten Weltkrieg?

Es kommt wohl nicht oft vor, dass Bürger und Soldaten voller Begeisterung in einen Krieg ziehen. 1914 war dies aber im Deutschen Reich die allgemeine Stimmungslage. Kaiser Wilhelm II. regierte seit 26 Jahren. In seinem Geltungsbedürfnis hatte er nicht nur eine der größten Armeen Europas, sondern auch eine große Flotte geschaffen. Er drängte nach Größerem und mit ihm seine Untertanen.

Österreich-Ungarn

Nach der Niederlage gegen Preußen schlossen sich 1867 das Kaiserreich Österreich und das Königreich Ungarn zusammen (auch „k.u.k." genannt). Bis zum Ende des Ersten Weltkriegs dominierte diese Doppelmonarchie Mittel- und Südosteuropa.

Mobilmachung 1914: In dem Glauben an einen schnellen Sieg zogen die Deutschen jubelnd in den Ersten Weltkrieg.

Auslöser für den Ersten Weltkrieg war das Attentat eines serbischen Nationalisten, das 1914 im bosnischen Sarajevo auf den österreichischen Thronfolger verübt wurde. Wenige Jahre zuvor hatte sich Österreich-Ungarn Bosnien gewaltsam angeeignet, was zu Konflikten auf dem Balkan geführt hatte.

Deutschland erklärte sich sofort bereit, an der Seite von Österreich-Ungarn gegen Serbien in den Krieg zu ziehen. Doch dies hatte weitreichende Folgen, weil Serbien mit Russland verbündet war und Russland wiederum mit Frankreich und Großbritannien.

Die Oberste Heeresleitung wollte zunächst in kürzester Zeit Frankreich besiegen und danach Russland bekämpfen. Die Soldaten zogen mit der Überzeugung in den Krieg, Paris in wenigen Wochen eingenommen zu haben.

Nach einer Meuterei in Kiel kam es Anfang November 1918 zum Matrosenaufstand in Kiel – dem Beginn der Novemberrevolution.

Seit wann hat Deutschland keinen Kaiser mehr?

Von einem Blitzkrieg konnte jedoch keine Rede sein. Nach kurzer Zeit war die deutsche Armee in Frankreich festgefahren. Beide Seiten standen sich fast bewegungsunfähig in einem menschenverachtenden Stellungskrieg gegenüber.

Gleichzeitig wurden immer mehr Länder in den Krieg verwickelt. Am Ende waren drei Viertel der Weltbevölkerung beteiligt, wobei die Mehrheit auf Seiten der Franzosen, Russen und Briten kämpfte. Entschieden wurde der Krieg aber erst, nachdem deutsche U-Boote amerikanische Schiffe versenkt hatten und die USA daraufhin gegen Deutschland in den Kampf eingriffen. Über neun Millionen Menschen verloren im Ersten Weltkrieg ihr Leben.

Allein die deutsche Marineleitung plante 1918 noch eine Entscheidungsschlacht. Aber die einfachen Matrosen wollten sich nicht sinnlos opfern lassen und so kam es zu einem Aufstand, der sich im ganzen Reich zur Novemberrevolution ausbreitete. Um großes Blutvergießen zu verhindern, wurde der Kaiser am 9. November 1918 zum Rücktritt gezwungen. Das Kaiserreich war nun Geschichte.

Schlieffen-Plan

Die deutschen Soldaten kämpften im Ersten Weltkrieg nach einem Plan des Generalfeldmarschalls Alfred Graf von Schlieffen (1833–1913). Um sich nicht gleichzeitig an zwei Fronten aufzureiben, sollte über das neutrale Belgien erst Frankreich blitzartig besiegt und dann mit allen Kräften gegen Russland gezogen werden. Weil die deutsche Armee aber an der Marne östlich von Paris stecken blieb, scheiterte der Plan in wenigen Wochen.

Kriegsgräber in Verdun

Schlacht um Verdun

Neuartige Maschinengewehre und Granatwerfer führten 1916 zu einem unvorstellbaren Massensterben in den Schützengräben an der Westfront in Frankreich. Die Schlacht endete ohne große Veränderung der Frontlinie, der deutsche Vorstoß scheiterte. Heute steht die „Hölle von Verdun“ als Mahnmal gegen den Krieg und für die deutsch-französische Freundschaft.

Was wurde im Versailler Vertrag beschlossen?

Um die Kriegsgegner milde zu stimmen und die eigene Ehre zu retten, hatte das deutsche Militär kurz vor dem Ende des Ersten Weltkriegs für einige demokratische Veränderungen gesorgt. So wurden Mitglieder der Sozialdemokratischen Partei Deutschlands (SPD) an der Regierung beteiligt. Das führte aber auch dazu, dass etliche Bürger den Demokraten die Schuld am verlorenen Krieg gaben.

1919 fand eine Friedenskonferenz der Siegermächte in Versailles bei Paris statt, bei der Deutschland die alleinige Kriegsschuld zugewiesen bekam. Die Siegermächte legten im Versailler Vertrag Bedingungen fest, die den meisten Deutschen untragbar und ungerecht erschienen: Deutschland musste rund ein Siebtel seiner Gebiete abgeben und sollte in hohem Maße Wiedergutmachungszahlungen, sogenannte Reparationen, leisten.

Die Oberste Heeresleitung und der Kaiser – kurz vor seiner Abdankung – weigerten sich, den Vertrag zu unterzeichnen. Da jedoch der Wunsch nach Frieden groß war, setzten schließlich Politiker, die erst kurz zuvor an der Regierung beteiligt worden waren, ihren Namen unter den Vertrag. In den Augen mancher wurden sie so zu Vaterlandsverrätern.

Welche Schwächen hatte die Weimarer Republik?

Mit der 1919 in der Stadt Weimar gegründeten Republik – der Weimarer Republik – gab es zum ersten Mal einen demokratischen Staat in Deutschland: Das Volk, und zwar zum ersten Mal Männer und Frauen, wählte den Reichstag. Dieses Parlament wiederum bestimmte den Reichskanzler und seine Minister und beschloss Gesetze. Außerdem wählte das Volk einen Reichspräsidenten, der durch seine starke gesetzliche Position jedoch eher ein „Kaiserersatz“ war.

Ein großes Problem war, dass sowohl die Bürger als auch die Behörden in der Demokratie ungeübt waren. Zu viele kleine Parteien schwächten das Parlament; hinzu kam, dass einige Parteien die Republik sogar offen bekämpften. Eine dieser Parteien war die Nationalsozialistische Deutsche Arbeiterpartei (NSDAP) um Adolf Hitler. In einer weltweiten Wirtschaftskrise kam seine große Stunde: Viele Millionen Menschen in Deutschland waren arbeitslos, das Geld verlor an Wert. Hitler versprach ein Ende der Zahlungen an die Siegermächte und Arbeit für alle – ohne zu sagen, dass er vor allem Armee und Rüstung

Unterzeichnung des Versailler Vertrags am 28. Juni 1919

Der erste deutsche Parteipolitiker an der Spitze des Staates: Friedrich Ebert von der SPD war von 1919–1925 der erste Reichspräsident der Weimarer Republik.

VERSAILLES war ganz bewusst als Ort für die Friedensverhandlungen gewählt worden: 1871 war dort der erste deutsche Nationalstaat ausgerechnet auf den Trümmern Frankreichs gegründet worden. Nun, rund 47 Jahre später, wurde am selben Ort symbolträchtig die Niederlage Deutschlands besiegelt.

Wahlplakat der NSDAP aus dem Jahr 1932

„Drittes Reich“

Allgemein wird Hitlers Regierungszeit 1933–1945 als „Drittes Reich“ bezeichnet (nach dem Heiligen Römischen Reich Deutscher Nation und dem Deutschen Kaiserreich), wobei er selbst den Ausdruck 1939 verbieten ließ, weil ihn seine Kritiker mit Häme benutzten. Offiziell hieß das Land im Krieg größenwahnsinnig übersteigert „Großdeutsches Reich“.

Braune Gefahr

Die Farbe Braun steht für die Diktatur der Nationalsozialisten: Die Männer der „Sturmabteilung“ (SA) der NSDAP waren mit braunen Hemden uniformiert. Bis heute werden Rechtsextreme als „braune Gefahr“ bezeichnet, auch wenn sie nicht mehr die Erkennungsfarbe Braun haben.

Am 30. Januar 1933 ernannte Reichspräsident Paul von Hindenburg Adolf Hitler zum Reichskanzler.

ausbauen wollte. Bei den letzten freien Wahlen vor dem Zweiten Weltkrieg wurde die NSDAP 1932 stärkste Partei.

Mit zunehmender Zersplitterung war das Parlament kaum mehr in der Lage, mit Mehrheiten Entscheidungen zu treffen. Der Reichspräsident Paul von Hindenburg machte in dieser Situation auf Druck seiner Berater von seiner Übermacht Gebrauch: Er schaltete mittels Notverordnung das Parlament aus und machte Adolf Hitler 1933 zum Reichskanzler. Das war das Ende der Republik.

Was passierte nach der „Machtergreifung“?

Adolf Hitler und seine Nationalsozialisten machten in kürzester Zeit aus einer Demokratie eine Diktatur. Wenige Wochen nach der Machtübergabe, die von den Nazis heldenhaft überhöht als „Machtergreifung“ bezeichnet wurde, schaffte Hitler die Grundrechte praktisch ab und setzte ein sogenanntes Ermächtigungsgesetz durch: Nun konnte er ohne das Parlament Gesetze erlassen und gegen alle denkbaren Widersacher vorgehen.

Die Haupttribüne auf dem Märzfeld während des Reichsparteitages der NSDAP im September 1938 in Nürnberg (großes Bild): Auf dem Parteitagsgelände empfängt Hitler Kolonnen von aufmarschierten Soldaten mit dem Hitlergruß (kleines Bild).

Der selbst ernannte „Führer“ Deutschlands ließ politische und gesellschaftliche Gegner verfolgen, quälen und ermorden. Andersdenkende wurden auf diese Weise zum Schweigen gebracht. Die Geheime Staatspolizei (Gestapo) und die Schutzstaffel (SS) der Partei verbreiteten ein Klima der Angst und des Terrors.

Wie verlief der Zweite Weltkrieg?

Hitler wollte Krieg und vor allem im Osten neuen „Lebensraum“ erobern. So überfielen deutsche Truppen am 1. September 1939 ohne Kriegserklärung Polen und besiegten es innerhalb kürzester Zeit. Auch Belgien, die Niederlande, Frankreich, Dänemark und Norwegen wurden förmlich überrannt.

Erst nach dem verlorenen Luftkrieg über England und dem deutschen Einmarsch in die Sowjetunion im Juni 1941 scheiterte diese Blitzkrieg-Taktik vor Moskau: Unter dem Codenamen „Unternehmen Barbarossa“ sollte die Sowjetunion in einem sogenannten Vernichtungskrieg geschlagen werden. Doch in der Schlacht um die russische Stadt Stalingrad erlitt die deutsche Wehrmacht die erste vernichtende Niederlage. Der Vormarsch war gestoppt, die 6. deutsche Armee im Winter 1942/43 bei minus 40 Grad Celsius eingekesselt. Unzählige Menschen starben. Dies war ein Wendepunkt des Krieges – auch für die Stimmung in der deutschen Bevölkerung.

Ein Jude verkauft Bänder mit dem „Judenstern“: Juden mussten zunächst im besetzten Polen, später in ganz Deutschland den gelben Stern als Erkennungszeichen offen tragen.

Olympische Spiele 1936

Die olympischen Winterspiele 1936 in Garmisch-Partenkirchen und vor allem die Sommerspiele im gleichen Jahr in Berlin wurden von den Nazis erfolgreich als politisches Werbespektakel missbraucht. Judenfeindliche Aktionen waren in dieser Zeit verboten, die Auswirkungen der Diktatur wurden verharmlost und das Ausland durch eine geschickte Inszenierung getäuscht.

Hitler im Stadion bei den Olympischen Spielen 1936

Holocaust

Der Holocaust ist das schlimmste Verbrechen aller Zeiten: Durch den systematischen und bürokratisch durchorganisierten Massenmord starben sechs Millionen Juden in ganz Europa.
Die Nazis teilten die Menschen in Rassen ein und behaupteten, „reine Deutsche“ stünden als „Arier“ und „Herrenrasse“ über allen anderen. In erster Linie Juden, aber auch Sinti und Roma sowie Menschen mit Behinderung wurden als „lebensunwert“ eingestuft, in Fabriken als Zwangsarbeiter ausgebeutet und in Konzentrationslagern (KZ) massenhaft ermordet. Der Weg zu diesem schrecklichen Völkermord begann direkt nach Hitlers Machtübernahme. Geschäfte von Juden wurden bereits 1933 gezielt boykottiert und zerstört; bis zum Kriegsbeginn erhielten viele Juden Berufsverbot oder mussten ihr Vermögen abgeben. Zahlreiche Juden versuchten, aus Deutschland zu fliehen. Es kam zu Massenauswanderungen, bei denen Hunderttausende das Land verließen, darunter etliche berühmte Wissenschaftler, Schriftsteller und Künstler. In Polen und anderen besetzten Ländern Osteuropas wurden Juden in größeren Städten unter menschenunwürdigen Verhältnissen in Wohnbezirken, sogenannten Ghettos, eingepfercht und von dort in Konzentrationslager gebracht.
Die gezielte Vernichtung begann in der Nacht vom 9. auf den 10. November 1938. Sie wurde von den Nazis verharmlosend als „Reichskristallnacht“ bezeichnet, weil viele Fensterscheiben zerstört wurden. Gleichzeitig wurden aber auch jüdische Gotteshäuser (Synagogen) angezündet und jüdische Bürger getötet.

Das KZ Auschwitz-Birkenau war das größte Vernichtungslager der Nazis. Schätzungsweise über eine Million Juden wurden dort grausam ermordet.

Hitler-Stalin-Pakt

1939 schlossen Deutschland und die Sowjetunion einen Nichtangriffsvertrag. In einem geheimen Zusatzprotokoll teilten Hitler und der sowjetische Diktator Josef Stalin Polen und andere Länder ohne deren Wissen unter sich auf. Zwei Jahre später brach Deutschland den Vertrag, als es die Sowjetunion überfiel.

Atombombe

Als der Krieg in Europa vorbei war, kämpfte das mit Deutschland verbündete Japan jedoch weiter – bis zum Abwurf zweier Atombomben Anfang August 1945 durch das US-Militär. In Hiroshima und Nagasaki verglühten etwa 130 000 Menschen. Bis heute gibt es Langzeitopfer, die an den Folgen der radioaktiven Strahlung sterben. Es war das erste und bisher einzige Mal, dass dieses menschenverachtende Kriegsmittel eingesetzt wurde.

Widerstand im „Dritten Reich“

Die Geschwister Hans und Sophie Scholl und ihr Freund Christoph Probst gehörten zur Widerstandsgruppe „Weiße Rose“. Als sie 1943 an der Universität München Flugblätter verteilten, in denen sie zum Widerstand gegen die Nazis aufriefen, wurden sie entdeckt und kurze Zeit später enthauptet. Auch die anderen Mitglieder der „Weißen Rose“ wurden hingerichtet.

Nicht alle Deutschen waren Anhänger oder Mitläufer der Nazis. Einige versuchten, Widerstand zu leisten – stets unter Lebensgefahr. Schon eine unbedachte Bemerkung über die Staatsmacht konnte ein Todesurteil bedeuten. Der aktive Widerstand ging vom Verteilen von Flugblättern über die Hilfe für Verfolgte bis zum Planen und Ausführen von Anschlägen auf Adolf Hitler. Die Widerständler kamen aus allen sozialen Schichten und Altersgruppen. Viele wurden verhaftet und hingerichtet, wie zum Beispiel Claus Schenk Graf von Stauffenberg. Er plante einen Staatsstreich und wollte Adolf Hitler töten. Stauffenberg gelang es am 20. Juli 1944, eine Bombe in das schwer bewachte „Führerhauptquartier“ zu schmuggeln. Doch der Anschlag misslang. Hitler überlebte. Er ließ Stauffenberg und rund 200 Mitverschwörer hinrichten.

Wodurch wurde das Grauen beendet?

Nach der Schlacht von Stalingrad befand sich die deutsche Wehrmacht im Osten in breiter Front auf dem Rückzug. Im Süden musste sich kurze Zeit später das bis dahin viel gerühmte deutsche Afrika-Korps ergeben. Mittlerweile kämpfte auch die Weltmacht USA gegen Deutschland. Über England flogen Amerikaner und Briten viele Luftangriffe auf deutsche Städte, vor allem, um die Moral der Bevölkerung zu brechen. Zahlreiche Städte wurden dabei großflächig zerstört, Hunderttausende Zivilisten starben.

Am 6. Juni 1944, dem sogenannten D-Day, landeten die Alliierten mit Bodentruppen in der Normandie im Norden Frankreichs und zogen von dort nach Deutschland. Aus dem Osten erreichte die Rote Armee der Sowjetunion im April 1945 die Stadt Berlin. Adolf Hitler, der sich bis dahin im „Führerbunker“ versteckt hatte, beging wenige Tage später Selbstmord.

Am 8. Mai 1945 endete in Europa der Zweite Weltkrieg nach der bedingungslosen Kapitulation Deutschlands. Er forderte unvorstellbare 55 Millionen Tote.

Die Dresdner Frauenkirche nach dem Bombenangriff im Februar 1945 und nach dem Wiederaufbau heute (rechts)

Warum wurde Deutschland geteilt?

Nach dem Zweiten Weltkrieg teilten die Siegermächte USA, England, Frankreich und die Sowjetunion das in Trümmern liegende Deutschland in vier Zonen auf. Genauso verfuhren sie mit der Hauptstadt Berlin. In jeder Zone bestimmte die jeweilige Besatzungsmacht die Verwaltung. Während aber die vier Sieger im Krieg noch ein gemeinsames Ziel hatten (nämlich Hitler zu besiegen), wurden die Unterschiede im Frieden immer deutlicher: Die drei Westmächte wollten in ihren Zonen eine freie Demokratie errichten, die Sowjetunion aber wollte einen kommunistischen Staat mit Einheitspartei. Innerhalb kürzester Zeit kam es zu großen Spannungen. Vor allem die USA und die Sowjetunion standen sich argwöhnisch gegenüber und bedrohten sich – später sogar mit Atombomben. Diese Zeit wird als „Kalter Krieg" bezeichnet.

Die drei Westmächte legten ihre Zonen schließlich zusammen: Am 23. Mai 1949 wurde die Bundesrepublik Deutschland mit der Hauptstadt Bonn gegründet. Vier Monate später, am 7. Oktober 1949, wurde in der Ostzone ebenfalls eine Verfassung verkündet und somit ein zweiter deutscher Staat geschaffen: die Deutsche Demokratische Republik (DDR) mit der Hauptstadt Ostberlin. Für die nächsten 40 Jahre blieb Deutschland geteilt.

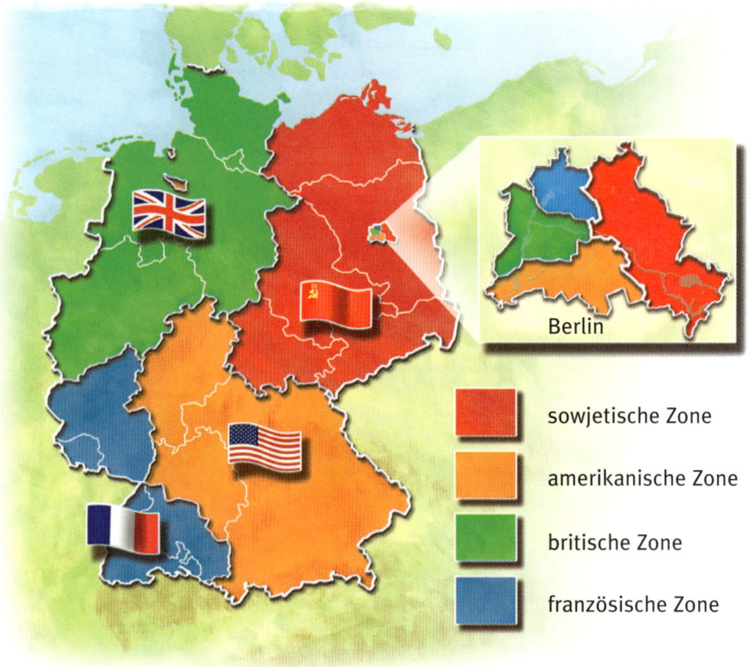

Besatzungszonen nach dem Zweiten Weltkrieg

Blick in den Verhandlungssaal im Nürnberger Justizpalast

Nürnberger Prozesse

Bei den Nürnberger Prozessen (1945–49) standen Kriegsverbrecher vor Gericht: Führende Nazis wurden von den Alliierten – Frankreich, Großbritannien, den USA und der Sowjetunion – angeklagt, zwölf davon zum Tode verurteilt.

Luftbrücke Berlin

Westberlin lag wie eine Insel innerhalb der sowjetischen Besatzungszone. Als die USA, England und Frankreich in ihren Zonen 1948 die D-Mark als neue Währung einführten, blockierte die Sowjetunion die Straßen nach Westberlin. Ziel war es, Westberlin von der Versorgung abzuschneiden, um schließlich ganz Berlin der sowjetischen Besatzungszone einzuverleiben. Doch die Amerikaner und Briten versorgten Westberlin über eine Luftbrücke. Alle drei Minuten landete ein sogenannter Rosinenbomber und versorgte die Menschen mit allem Lebensnotwendigen. Nach elf Monaten gab die Sowjetunion auf und beendete ihre Blockade.

Mit großer Begeisterung wurden die Flugzeuge der Luftbrücke empfangen.

Deutsche Demokratische Republik

„Demokratie" stand zwar im Staatsnamen, jedoch war in der Deutschen Demokratischen Republik kaum etwas davon zu spüren. Auch wenn das Land vordergründig ein Parlament, mehrere Parteien und auch Gewerkschaften hatte, waren diese alle zu einem Block unter Führung der Sozialistischen Einheitspartei (SED) zusammengeschlossen. Die Spitze der SED lenkte das Land wie in einer Diktatur.

Mauer

„Niemand hat die Absicht, eine Mauer zu errichten." Mit dieser Aussage versuchte im Juni 1961 der damals mächtigste Mann der DDR, der Staatsratsvorsitzende Walter Ulbricht, die Öffentlichkeit zu beruhigen. Wenige Tage später entpuppte sich sein Satz als Lüge: Am 13. August ließ die DDR-Regierung eine Mauer rund um Westberlin bauen. Damit sollte der große Flüchtlingsstrom gestoppt werden. Denn seit der Gründung der DDR hatten fast drei Millionen DDR-Bürger ihr Land verlassen und waren in den Westen geflohen. Beim Mauerbau spielten sich dramatische Szenen ab, weil viele Familien und Freunde plötzlich getrennt wurden. Auch die innerdeutsche Grenze außerhalb Berlins wurde von der DDR mit Stacheldraht sowie „Todesstreifen" mit Minen und Selbstschussanlagen abgesichert. Die offizielle Begründung der DDR für diese Maßnahmen lautete, sie wolle ihre Bürger vor dem Westen schützen. In Wirklichkeit hatte der Staat seine eigenen Bürger eingesperrt. Hunderte von Fluchtversuchen in den Westen endeten tödlich.

Stasi

Für Angst und Schrecken sorgte im ganzen Land das Ministerium für Staatssicherheit oder kurz: Stasi. Es überwachte das eigene Volk und schüchterte es ein, um der SED die Macht zu erhalten. Politische Gegner wurden verhaftet, viele einfache Bürger gezwungen, Nachbarn, Freunde oder gar Familienangehörige auszuspionieren. Öffentlicher Protest war nicht geduldet. So wurde zum Beispiel ein Aufstand der Arbeiter nach drastischer Anhebung der Arbeitsnorm im Juni 1953 mithilfe sowjetischer Panzer blutig beendet.

Planwirtschaft

Die Wirtschaft wurde vom Staat gesteuert. Die SED bestimmte, wie viele Produkte zu welchen Preisen verkauft wurden. Doch die Wirtschaft erwies sich als zu kompliziert für eine zentrale Lenkung. Lange Schlangen vor den Geschäften waren ein Markenzeichen der DDR. Lebensmittel und andere Dinge waren knapp. Wer ein Auto kaufen wollte, musste sich dafür anmelden und oft über zehn Jahre darauf warten.

Leben in der DDR

In der DDR war es üblich, dass auch die Mütter arbeiten gingen. Dies wurde durch eine umfangreiche Kinderbetreuung möglich. Der Staat wusste diese Angebote in seinem Sinne zu nutzen, indem er in Krippen und Kindergärten schon früh Einfluss auf die Kinder nahm.

Gesellschaftlich und kulturell gab es etliche Unterschiede zur BRD. Dort waren die Markenartikel, Musikbands, Bücher oder Fernsehsendungen aus dem Osten fast gänzlich unbekannt. Umgekehrt kannten viele DDR-Bürger durch das (eigentlich verbotene) Westfernsehen die scheinbar unendliche Warenvielfalt des „Goldenen Westens".

Am 1. Mai, dem „Tag der Arbeit", gab es in der ganzen DDR Umzüge, an denen auch die Freie Deutsche Jugend (FDJ) teilnahm. Funktion dieser Massenorganisation war es, schon die Kinder zu treuen DDR-Bürgern zu erziehen. Wer nicht negativ auffallen wollte, trat ihr mit 14 Jahren bei.

Die Mauer wird errichtet. Von der DDR-Führung wurde sie als „antifaschistischer Schutzwall" bezeichnet.

Der Trabant (Trabi oder auch „Rennpappe" genannt) war das Volksauto der DDR.

Wie entwickelte sich die BRD nach dem Krieg?

Die große Siegermacht USA war maßgeblich am demokratischen Aufbau Westdeutschlands beteiligt, was aber nicht ganz uneigennützig war: Durch eine stabile Demokratie wollten sie die Bundesrepublik zu einem treuen Verbündeten und Bollwerk gegen die Sowjetunion machen. Schließlich grenzte die Bundesrepublik im Osten an das russische Einflussgebiet.

Der erste Bundeskanzler Konrad Adenauer stand für eine starke Bindung ans westliche Lager. Diese erschien ihm noch wichtiger als eine baldige Wiedervereinigung. Adenauer wollte Deutschland mit Frankreich versöhnen und für die Bundesrepublik Souveränität, also das Recht auf Selbstbestimmung und Gleichberechtigung, erlangen.

Mit jedem Schritt in Richtung Demokratie und internationale Zusammenarbeit wuchs das weltweite Vertrauen in das junge Westdeutschland. Wichtige Etappen waren 1951 der Beitritt zur Montanunion (zollfreier Handel von Kohle und Stahl) und 1955 der Beitritt zum westlichen Verteidigungsbündnis NATO. Außerdem unterzeichnete Deutschland am 25. März 1957 mit fünf weiteren Ländern die Römischen Verträge: Dies war die Geburtsstunde der späteren Europäischen Union.

Wie kam es zur Wiedervereinigung?

Im Jahre 1969 wurde mit Willy Brandt erstmals ein Sozialdemokrat Bundeskanzler. Brandt stellte das Verhältnis zur DDR auf eine ganz neue Grundlage. Als erster Kanzler sprach er von „zwei Staaten in Deutschland“. Bis dahin war die DDR von Westdeutschland offiziell nicht als Staat anerkannt und der

Bundeskanzler

Konrad Adenauer (CDU), Regierungszeit 1949–1963

Ludwig Erhard (CDU), Regierungszeit 1963–1966

Kurt G. Kiesinger (CDU), Regierungszeit 1966–1969

Willy Bandt (SPD Regierungszeit 1969–1974

Helmut Schmidt (SPD), Regierungszeit 1974–1982

Helmut Kohl (CDU), Regierungszeit 1982–1998

Gerhard Schröder (SPD), Regierungszeit 1998–2005

Angela Merkel (CDU), Regierun zeit seit 2005

Elysée-Vertrag

Westdeutschland und Frankreich schlossen 1963 einen Freundschaftsvertrag, der auch Elysée-Vertrag genannt wird. Seitdem arbeiten die einstigen Erbfeinde politisch, wirtschaftlich und kulturell eng zusammen. In Europa hat diese Freundschaft eine wichtige Vorreiterrolle eingenommen.

Ostblock

Die sozialistischen Staaten im Osten Europas unter der diktatorischen Führung der Sowjetunion wurden im Westen auch „Ostblock“ genannt: DDR, Polen, Tschechoslowakei, Bulgarien, Ungarn und die Sowjetunion, zeitweilig auch Rumänien und Albanien. Sie waren im Warschauer Pakt auch militärisch verbündet.

Der französische Staatspräsident François Mitterrand und Bundeskanzler Helmut Kohl gedenken im September 1984 in Verdun gemeinsam der Toten beider Weltkriege. Dieser Händedruck symbolisierte die Aussöhnung und Freundschaft zwischen beiden Ländern.

Kontakt abgelehnt worden. Damit machte Brandt Schluss. Er wollte „Wandel durch Annäherung“ und schloss Verträge, unter anderem mit der Sowjetunion und der DDR. Es sollte kein Nebeneinander mehr geben, sondern ein Miteinander innerhalb der Grenzen, die seit dem Kriegsende bestanden.

Doch bis zur Wiedervereinigung war es noch ein langer Weg. Erst als 1985 in Moskau Michail Gorbatschow an die Macht kam und sich für Umbau und Offenheit (Perestroika und Glasnost) einsetzte, zerfiel der Ostblock. In Polen, Ungarn und der Tschechoslowakei gab es Reformen, viele DDR-Bürger flüchteten über diese Länder in den Westen. Dann passierte etwas ganz Seltenes in der Geschichte: eine erfolgreiche Revolution ohne Blutvergießen. Die Bürger im Osten gingen auf die Straße und riefen: „Wir sind das Volk!“ Die SED-Führung schaute hilflos zu, weil Moskau diesmal keine Panzer schickte. Am 9. November 1989 ließ die DDR-Führung unter großem Jubel die Grenzübergänge an der Mauer öffnen. Am 3. Oktober 1990 wurde die Wiedervereinigung gefeiert: Die DDR war der Bundesrepublik beigetreten.

Was passierte nach der Wende?

Bundeskanzler Helmut Kohl, der die deutsche Einheit maßgeblich mitgestaltet hat, versprach „blühende Landschaften“. Doch diese Hoffnung erfüllte sich bisher nicht. Im Osten Deutschlands wurden nach der Wende viele Menschen arbeitslos, ganze Landstriche vergreisten, weil die jungen Leute in den Westen zogen. Außerdem führten die gigantischen Aufbauzahlungen vom Westen in den Osten zu Streitereien.

Es wird wohl noch einige Zeit dauern, bis die Landschaften überall gleich blühen. Doch wird manchmal vergessen, welche großen Errungenschaften die Wiedervereinigung brachte, nämlich Freiheit und Demokratie für alle Deutschen.

Willy Brandt bekam für seine Entspannungspolitik und die Ostverträge 1971 den Friedensnobelpreis. Sein Kniefall in Polen am Warschauer Ehrenmal des jüdischen Ghettos ging als Zeichen der Versöhnung um die Welt.

2 + 4 = 1

Der Krieg war zwar lange vorbei, doch hatten die Siegermächte mit Deutschland nie einen Friedensvertrag geschlossen. Kurz vor der Wiedervereinigung trafen sich Vertreter von beiden Seiten Deutschlands (2) mit den USA, Großbritannien, Frankreich und der Sowjetunion (4) – macht „Zwei-plus-Vier“ –, um in einem Vertrag alle Grenzfragen, die Truppenstärke und den Abzug der sowjetischen Soldaten aus Ostdeutschland zu regeln. Erst dadurch erhielt Deutschland wieder seine volle staatliche Eigenständigkeit (Souveränität).

Nach der überraschenden Öffnung der Berliner Mauer am späten Abend des 9. November 1989 feierten Ost- und Westberliner ausgelassen am Brandenburger Tor.

Das politische System

Was steht im Grundgesetz?

Das Grundgesetz, die deutsche Verfassung, enthält die Regeln, nach denen die Bundesrepublik Deutschland organisiert ist. Somit ist dort auch der wesentliche Grundsatz der deutschen Demokratie verankert: Es ist festgeschrieben, dass alle Macht vom Volk ausgeht. Denn Demokratie bedeutet Volksherrschaft.

Einer dieser Grundpfeiler sind die 19 Grund- und Menschenrechte, die keine Regierung den Bürgern wegnehmen kann. Dazu zählen die Gleichheit vor dem Gesetz – unabhängig von Geschlecht, Hautfarbe und Herkunft – oder auch die Presse-, Meinungs- und Glaubensfreiheit: Jeder darf sagen oder glauben, was er will, solange er die Rechte anderer nicht verletzt.

Die Bundesrepublik ist zudem ein Rechtsstaat: Das Recht, also die Gesetze, steht noch über der Regierung. Das heißt, dass die Regierung nicht willkürlich über die Menschen bestimmen kann. Jeder Bürger kann deshalb sogar gegen sie vor Gericht ziehen, wenn er glaubt, dass ihm Unrecht geschehen ist.

Theodor Heuss (FDP), Amtszeit 1949–1959

Heinrich Lüb (CDU), Amts. 1959–1969

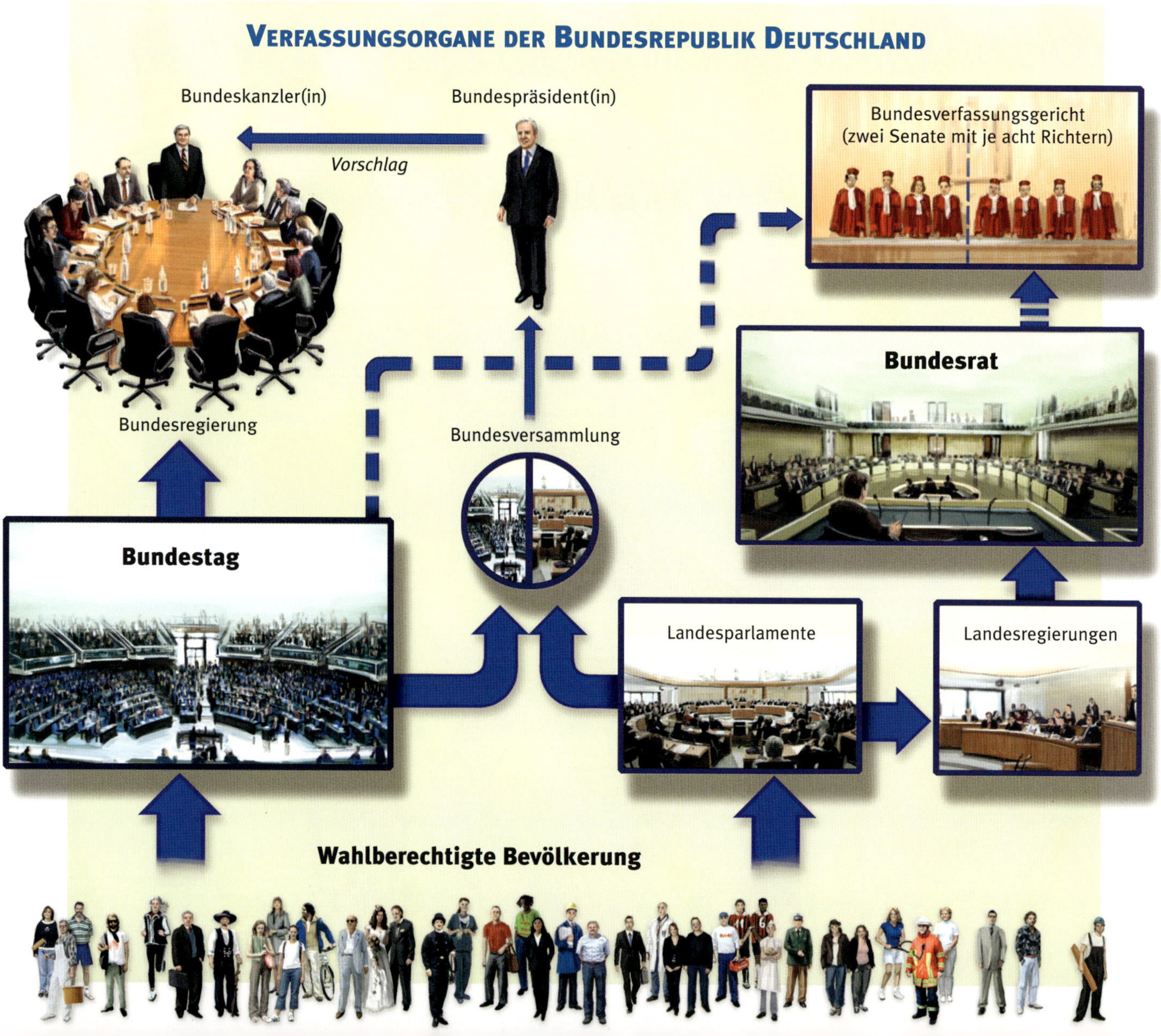

Bundespräsidenten

av Heinemann), Amtszeit –1974

Walter Scheel (FDP), Amtszeit 1974–1979

Karl Carstens (CDU), Amtszeit 1979–1984

Richard von Weizsäcker (CDU), Amtszeit 1984–1994

Roman Herzog (CDU), Amtszeit 1994–1999

Johannes Rau (SPD), Amtszeit 1999–2004

Horst Köhler (CDU), Amtszeit seit 2004

Sozialstaat

Deutschland ist laut Grundgesetz ein „sozialer Bundesstaat". Das bedeutet, dass die Bürger im Alter oder in Notlagen, wie Arbeitslosigkeit und Krankheit, eine finanzielle Grundabsicherung haben. Schon Reichskanzler Otto von Bismarck führte ab 1883 die Kranken-, Unfall- und Rentenversicherung ein.

Bundesversammlung

Die Bundesversammlung ist das Organ zur Wahl des Bundespräsidenten. Sie setzt sich zur einen Hälfte aus allen Bundestagsabgeordneten zusammen, zur anderen Hälfte aus Mitgliedern, die von den Landtagen bestimmt werden. In der Regel tritt die Bundesversammlung alle fünf Jahre zur Wahl eines Bundespräsidenten zusammen.

Warum ist die Gewaltenteilung so wichtig?

Die Gewaltenteilung ist ein wichtiger Bestandteil in einer Demokratie, um staatliche Willkür auszuschließen und dem Missbrauch von Macht vorzubeugen. Die Aufgaben und die Macht des Staates, also die Staatsgewalt, sind deswegen in drei getrennte Bereiche aufgeteilt.

Es gibt die gesetzgebende Gewalt, die man Legislative nennt. Das sind die Politiker im Bundestag oder Landesparlament. Die ausführende Gewalt wird auch Exekutive genannt. Zu ihr zählen alle Behörden mit ihren Beamten, zum Beispiel die Polizei. Die dritte Gewalt ist die Recht sprechende, genannt Judikative. Dazu zählen die Richter an den Gerichten.

Wer ist das Staatsoberhaupt?

Das Staatsoberhaupt von Deutschland ist der Bundespräsident. Das mag vielleicht überraschen, weil in den Nachrichten viel öfter vom Bundeskanzler oder von der Kanzlerin die Rede ist. Der Bundespräsident bekleidet zwar das höchste, aber nicht das im politischen Alltag wichtigste Amt. Er hat nämlich vor allem repräsentative Aufgaben: Er vertritt Deutschland, etwa bei Treffen mit ausländischen Staatsgästen. Darüber hinaus ernennt er die Minister auf Vorschlag des Bundeskanzlers, prüft neue Gesetze und kann diese sogar verhindern, wenn sie seiner Meinung nach gegen die Verfassung verstoßen.

Wer regiert Deutschland?

Tatsächlich regiert wird Deutschland im politischen Alltag vom Bundeskanzler und seinen Ministern. Diese bilden die Bundesregierung, das sogenannte Kabinett. Die Richtlinien der Bundespolitik bestimmt laut Grundgesetz der Bundeskanzler. Im Jahre 2005 wurde mit Angela Merkel erstmals eine Frau Kanzlerin. Sie entschied sich für 15 Minister. Diese kümmern sich jeweils um einen wichtigen Bereich, wie zum Beispiel die Finanzen, die Wirtschaft, den Naturschutz oder den Gesundheitsbereich. Das Wort „Minister" kommt aus dem Lateinischen und bedeutet „Diener" – sie sollen also dem Volk und ihrem Land dienen.

Die rund 600 Abgeordneten des Deutschen Bundestages kommen aus allen Regionen Deutschlands. Damit alle Wählerstimmen gleich viel Gewicht haben, ist Deutschland in 299 annähernd gleich große Wahlkreise eingeteilt.

Welche Aufgaben hat der Bundestag?

Der Bundestag ist das wichtigste deutsche Parlament. Dort sitzen rund 600 Abgeordnete aus dem ganzen Land. Gleich zu Beginn einer neuen Wahlperiode müssen die Volksvertreter eine ihrer drei wichtigsten Aufgaben erfüllen: einen Bundeskanzler wählen. Vorher schlägt der Bundespräsident den Kanzlerkandidaten der Partei vor, die entweder alleine oder in Partnerschaft mit anderen Parteien die meisten Abgeordneten stellt. Dieses Zusammenarbeiten mehrerer Parteien in einer Regierung nennt man Koalition. Alle übrigen Parteien bilden die Opposition.

Danach hat der Bundestag zwei weitere bedeutende Aufgaben: Er muss zum einen die Regierung kontrollieren, zum anderen Gesetze vorschlagen und beschließen. Die Abgeordneten, aber auch die Bundesregierung und der Bundesrat, können neue Gesetze vorschlagen. Über diese Entwürfe berät und diskutiert der Bundestag drei Mal. Zwischen den Lesungen, wie man diese Debatten nennt, wird der Vorschlag in den Ausschüssen des Bundestages überprüft. Nach der dritten Lesung wird dann über das Gesetz abgestimmt.

Formen der Demokratie

Wenn alle gemeinsam über eine Frage diskutieren und abstimmen, nennt man das direkte Demokratie. Dies funktioniert aber nur in kleinen Gruppen. Bürger eines Staates haben weder die Zeit noch das Wissen, zu allen Gesetzen etwas sagen zu können. Deshalb wählen sie Politiker als ihre Vertreter, also ihre Repräsentanten. Diese Abgeordneten treffen im Parlament eigenverantwortlich Entscheidungen im Auftrag der Wähler. Dies nennt man repräsentative Demokratie.

Überhangmandat

Wenn mit den Erststimmen mehr Kandidaten einer Partei gewählt werden, als dieser Partei nach den Zweitstimmen Sitze zustehen, so kommt es zu Überhangmandaten. Weil alle direkt gewählten Kandidaten auf jeden Fall in den Bundestag einziehen, kann es passieren, dass einer Partei zum Beispiel 40 Sitze zustehen, sie aber durch die Überhangmandate 43 Abgeordnete in den Bundestag entsenden darf.

Der Deutsche Bundestag sitzt seit 1999 im Berliner Reichstagsgebäude. Früher war dort der Reichstag des deutschen Kaiserreichs und das Parlament der Weimarer Republik untergebracht.

Wie wird der Bundestag gewählt?

Die Wahl zu einem neuen Bundestag findet in der Regel alle vier Jahre statt. Sie ist allgemein (jeder Deutsche über 18 Jahre darf wählen), unmittelbar (die Volksvertreter werden direkt gewählt), frei (es gibt keinen Zwang), geheim (keiner wird bei der Wahl überwacht) und gleich (jede Stimme zählt gleich viel).

Jeder Wähler hat zwei Stimmen. Mit dem ersten Kreuzchen wird eine Person direkt gewählt: ein Kandidat aus dem Wahlkreis, in dem der Wähler wohnt. Insgesamt ist Deutschland dafür in 299 Wahlkreise eingeteilt. Der Kandidat, der in einem Wahlbezirk die meisten Stimmen bekommt, wird in den Bundestag gesandt. So kommt aus jedem Landesteil Deutschlands mindestens ein Bundestagsabgeordneter.

Mit der zweiten Stimme wird eine Partei gewählt. Diese Wahl erfolgt völlig unabhängig davon, wem der Wähler seine erste Stimme gegeben hat. Die Zweitstimme entscheidet darüber, wie viele Abgeordnete einer Partei in den Bundestag einziehen. Die Parteien haben dafür Listen mit Kandidaten aufgestellt. Jede Partei, die mindestens fünf Prozent aller Zweitstimmen erhält, darf im Verhältnis ihrer Stimmen Politiker von dieser Liste in den Bundestag schicken.

Es gibt Wahlkabinen, damit man unbeobachtet seine Kreuzchen machen kann. Der Wahlzettel wird dann gefaltet in eine Wahlurne geworfen.

FÜNFPROZENTKLAUSEL

In den Bundestag ziehen nur die Parteien ein, die mindestens fünf Prozent der Wählerstimmen (also der Zweitstimmen) erhalten. Diese Fünfprozentklausel wurde eingeführt, um stabile Mehrheiten zu fördern: Viele kleine Splitterparteien würden dies erschweren, weil jede Partei andere Ziele hat.

POLITIKVERDROSSENHEIT

Immer mehr Menschen gehen in Deutschland nicht wählen – weil sie über Politiker und Parteien verärgert sind oder weil sie glauben, dass die eigene Stimme nicht viel „bringt“. Dabei sind viele enttäuschte Wähler durchaus an politischen Fragen interessiert, wie zum Beispiel der Verbesserung der Schulbildung. Sie lehnen nur das Gerangel um Posten und die nicht gehaltenen Wahlversprechen ab. Doch es wurde lange dafür gekämpft, dass alle Menschen in Deutschland die Politik mitbestimmen dürfen. Und Demokratie funktioniert nur, wenn alle mitmachen.

BERUF: BUNDESTAGSABGEORDNETE

Leonie freut sich auf das Wochenende, denn dann kommt ihre Mutter nach Hause. Ihre Mutter ist nämlich Politikerin im Deutschen Bundestag und deswegen unter der Woche in Berlin. Ihr Spezialgebiet ist die Familienpolitik: Sie arbeitet im Fachausschuss für Familien, Senioren, Frauen und Jugend mit. Dort sitzen Politiker aus allen Parteien, die im Bundestag vertreten sind, und diskutieren zum Beispiel über mehr Geld für Eltern. Das ist wie ein Mini-Bundestag. Der Ausschuss muss die Entwürfe, die später ein Gesetz werden sollen, überarbeiten. Am Ende stimmt dann der Bundestag über den neuen Gesetzesvorschlag ab. Es kann Monate oder sogar Jahre dauern, bis ein neues Gesetz entsteht! Wenn Leonies Mutter zu Hause ist, nimmt sie manchmal an Veranstaltungen in ihrem Wahlkreis teil – dort wohnen die Bürger, von denen sie direkt gewählt worden ist. Und deren Wünsche und Anliegen soll sie schließlich im Bundestag vertreten.

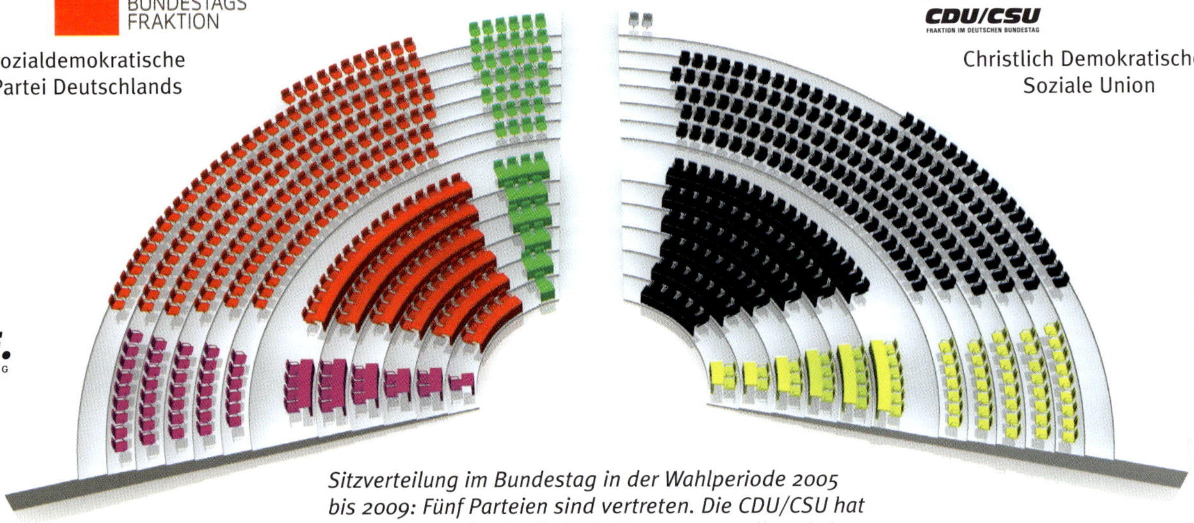

Sitzverteilung im Bundestag in der Wahlperiode 2005 bis 2009: Fünf Parteien sind vertreten. Die CDU/CSU hat einen Platz mehr als die SPD. Zusammen stellen sie in einer sogenannten Großen Koalition die Regierung.

Welche Rolle spielen die Parteien?

In den Parteien haben sich politisch gleich gesinnte Bürger zusammengeschlossen, die gemeinsam versuchen, ihre Ideen umzusetzen. Sie stellen dazu vor Wahlen aus ihren Reihen Kandidaten auf und werben für sie. In Parteiprogrammen haben sie ihre wichtigsten Vorhaben aufgeschrieben und versuchen, die Menschen von ihren Zielen zu überzeugen.

Nach einer Wahl schließen sich die Abgeordneten einer Partei zu einer Fraktion (fractio = lateinisch für Bruchteil) zusammen. Auch wenn jeder einzelne Volksvertreter unabhängig ist und sich nur von seinem Gewissen leiten lassen darf, versuchen die Parteien, ihre Fraktionen einheitlich abstimmen zu lassen. Dies nennt man Fraktionsdisziplin. Kritiker sprechen auch von einem Zwang, weil „eigensinnige“ Abgeordnete von der Partei bestraft werden könnten, indem sie bei der nächsten Wahl nicht mehr als Kandidaten aufgestellt werden. Ohne einheitliche Regelungen könnte aber keine Partei auf Dauer funktionieren und die Mehrheitsmeinung ihrer Wähler und Mitglieder vertreten.

Föderalismus

Wenn sich mehrere Länder zu einem übergeordneten Gesamtstaat zusammenschließen, nennt man dies einen Bundesstaat und das Prinzip heißt Föderalismus. Deutschland ist ein solches Bündnis. Im Grundgesetz ist genau festgeschrieben, welche Aufgaben der Bund – der Gesamtstaat – hat und für welche Belange die Länder zuständig sind. Beide Seiten teilen sich die Macht. Hinzu kommen Volksvertretungen in den Kreisen und Städten. Die Gemeinden bilden die unterste Ebene und werden auch Kommunen genannt. Damit in wichtigen Bereichen überall in Deutschland die gleichen Verhältnisse herrschen, basiert das Leben hauptsächlich auf Bundesgesetzen. Im Alltag jedoch, wo diese Gesetze umgesetzt werden, sind die Bürger fast nur mit Beamten und Mitarbeitern der Länder und Städte in direktem Kontakt. Das liegt am Subsidiaritäts-Prinzip. Nach diesem Prinzip ist immer die tiefste Ebene zuständig, die die jeweilige Aufgabe lösen kann: erst die Stadt, dann der Kreis, danach das Land und schließlich der Bund.

In Deutschland haben die Länder die Kulturhoheit. Das heißt, dass jedes Land insbesondere im Bildungsbereich seine eigenen Gesetze erlassen kann.

Warum gibt es einen Bundesrat?

VERTRETUNG

Wenn der Bundeskanzler oder der Bundespräsident zum Beispiel wegen Krankheit sein Amt nicht ausführen kann, springt sein Stellvertreter ein. Beim Bundeskanzler ist das einer der Bundesminister, der sogenannte Vizekanzler. Der Bundespräsident wird durch den Präsidenten des Bundesrates vertreten. Das ist im jährlichen Wechsel immer ein anderer Regierungschef eines Bundeslandes.

Während der Bundestag eher von den Parteien dominiert wird, soll der Bundesrat die Interessen der Länder vertreten. Nach dem Zweiten Weltkrieg wurde mit dem Bundesrat ganz bewusst ein starkes politisches Gegengewicht zum Bundestag und der Bundesregierung geschaffen. So soll verhindert werden, dass eine Partei oder gar eine einzelne Person Gesetze im Alleingang beschließen oder willkürlich aufheben kann.

Jede Landesregierung schickt Vertreter in den Bundesrat. Etwa einmal im Monat treffen sich diese Politiker an einem Freitag in Berlin. Ihre wichtigste Aufgabe ist die Mitarbeit an neuen Gesetzen. Dabei sind sie sehr einflussreich, denn jedes neue Gesetz muss dem Bundesrat vorgelegt werden. Der Bundesrat kann Gesetze, die der Bundestag bereits beschlossen hat, verzögern, verändern und teilweise sogar verhindern. Diese Entwürfe, die der Bundesrat endgültig ablehnen kann, betreffen die Interessen der Länder und heißen Zustimmungsgesetze.

Der Bundesrat sitzt seit dem Jahr 2000 im ehemaligen Preußischen Herrenhaus in Berlin. Davor war er über 50 Jahre im Bonner Bundeshaus untergebracht.

Nach einer Reform im Jahr 2006 sind das nun nicht mehr rund sechs, sondern etwa vier von zehn Gesetzen. Damit soll eine Blockadepolitik der Parteien verhindert werden. Denn immer wieder haben Parteien, die im Bundestag nicht an der Regierung beteiligt waren, wichtige Gesetze im Bundesrat verhindert. Dies ist natürlich nur dann möglich, wenn es im Bundesrat andere Mehrheiten gibt als im Bundestag, was aber häufig passiert. Das liegt daran, dass sich im Bundestag die Mehrheit durch eine Wahl schnell verändern kann. Im Bundesrat dagegen dauert dies sehr lange, weil nicht zeitgleich alle Landtage neu gewählt werden.

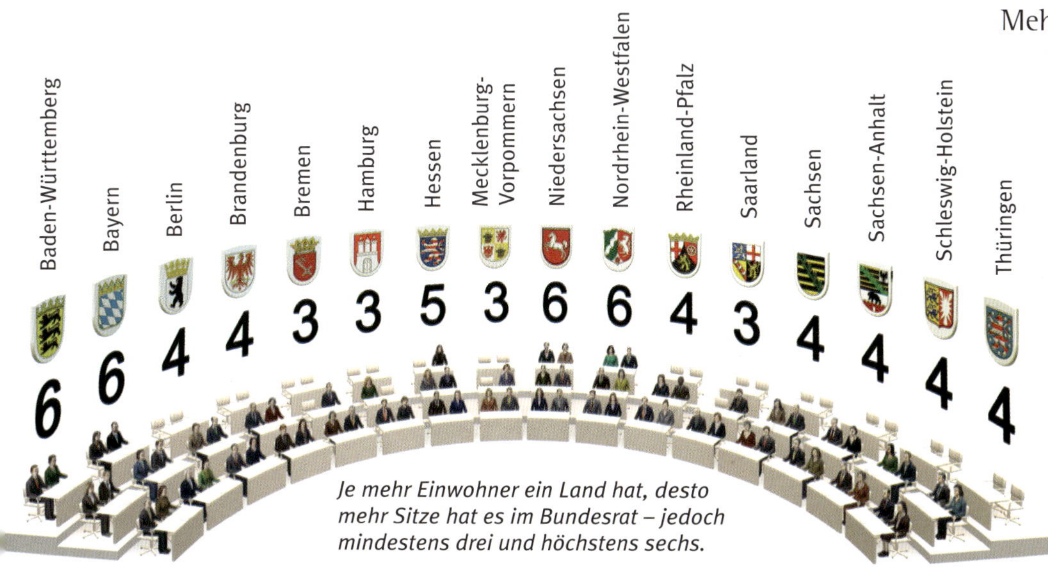

Je mehr Einwohner ein Land hat, desto mehr Sitze hat es im Bundesrat – jedoch mindestens drei und höchstens sechs.

In Städten und Gemeinden können sich Bürger in Ortsverbänden der Parteien und Bürgerinitiativen engagieren.

Wie kann man sich politisch engagieren?

Wenn zum Beispiel in einer Stadt eine neue Brücke oder Straße gebaut werden soll, können Einwohner, die das verhindern wollen, ein Bürgerbegehren beantragen. Wenn genügend Bürger dieses Begehren unterschreiben – die genaue Zahl ist von Stadt zu Stadt unterschiedlich –, kommt es zu einer Abstimmung. Diese Wahl wird Bürgerentscheid genannt. Auf Länderebene heißt die Form der direkten Demokratie Volksbegehren und Volksentscheid.

Eine weitere Möglichkeit für eine Sache einzutreten, ist die Demonstration. Jeder hat die Freiheit, mit Gleichgesinnten und Spruchbändern lautstark durch die Straßen zu ziehen. Geschützt werden die Demonstranten durch das Grundgesetz, solange sie ihre Kundgebung 48 Stunden vorher anmelden und friedlich bleiben.

Noch viel einfacher kann man den Bundestag oder die Politiker aus seinem Wahlkreis mittels E-Mail oder Brief auf ein bestimmtes Anliegen aufmerksam machen. Selbst Kinder haben im Bundestag eine spezielle Anlaufstelle: die Kinderkommission.

Deutschland liegt im Herzen Europas; es grenzt an neun europäische Nachbarn.

Welche Rolle spielt Deutschland in Europa?

Schon deshalb ist es für die Deutschen wichtig, aktiv etwas für Frieden und Freundschaft in Europa zu unternehmen. Aus diesem Grund hat sich Deutschland bereits vor über

Euro

Der Euro ist der handfeste Beweis für das Zusammenwachsen in Europa. Mittlerweile haben 15 Länder die gemeinsame Währung eingeführt, 2009 wird die Slowakei nachfolgen. Nach anfänglichen Sorgen hat sich der Euro als sichere Währung bewährt. Weltweit ist er neben dem US-Dollar das wichtigste Zahlungsmittel. Während die Euro-Scheine alle einheitlich gestaltet sind, kann bei den Münzen jedes Land der EU eigene Motive prägen. Die deutschen Münzen zeigen auf der Rückseite das Brandenburger Tor, den Bundesadler oder einen Eichenzweig.

Die DDR und die SED-Diktatur wurden nicht durch einen Aufstand mit Waffengewalt gestürzt, sondern durch friedliche Demonstrationen mutiger Bürger. Am Ende riefen Hunderttausende: „Wir sind das Volk!“

Links: Rückseiten von 1- und 2-Euro-Münzen verschiedener Länder

15 der 27 EU-Mitgliedsstaaten bilden zusammen Euroland, haben also den Euro als Währung.

Diese Länder bilden den Euroland.

Diese Staaten gehören zur EU, beteiligen sich aber (noch) nicht an der Währungsunion.

50 Jahren dafür eingesetzt, dass die europäischen Länder eng zusammenarbeiten: 1957 gehörten die Deutschen zu den sechs Gründungsmitgliedern der späteren Europäischen Union (EU), in der heute fast 490 Millionen Menschen leben und 27 Länder Mitglied sind. Diese arbeiten in vielen Bereichen zusammen, etwa in der Wirtschafts-, der Sozial- oder der Umweltpolitik. Dennoch haben die Mitgliedsstaaten ihre Eigenständigkeit nicht aufgegeben. Auch wenn es ein Europäisches Parlament gibt, so hat doch jedes Land noch immer seine eigene Regierung, die im Europäischen Rat über die Ziele der EU entscheidet. Man nennt dies einen Staatenverbund. Deutschland ist darin eines der wirtschaftlich stärksten Länder mit den meisten Einwohnern. Deswegen stellt auch im Europäischen Parlament kein anderes Land mehr Abgeordnete als Deutschland mit 99 Volksvertretern.

Deutschland in der NATO

Die NATO („North Atlantic Treaty Organisation" = Nordatlantikpakt) ist ein Militär- und Verteidigungsbündnis, das 1949 von den USA, Kanada und etlichen europäischen Ländern gegründet wurde; Deutschland trat sechs Jahre später bei. Die 26 Länder, die heute in der NATO verbündet sind, haben sich zur gegenseitigen Hilfe verpflichtet, wenn sie angegriffen werden. Außerdem wollen sie sich für Frieden und Freiheit einsetzen. Die Deutsche Bundeswehr war bis zur Wiedervereinigung eine reine Verteidigungsarmee, die ihr eigenes Staatsgebiet und das der Bündnispartner schützen sollte. Als aber die innerdeutsche Grenze fiel und Deutschland wieder volle Souveränität erhielt, verwandelte sich die Bundeswehr in eine Eingreiftruppe, die auch außerhalb der NATO-Länder eingesetzt wurde. Diese zum Teil stark umstrittenen Einsätze werden „out of area"-Einsätze genannt. So waren deutsche Soldaten im ehemaligen Jugoslawien, in Bosnien und Herzegowina oder in Mazedonien für die NATO im Einsatz. Im Kosovokrieg kam es 1999 zum ersten Kampfeinsatz deutscher Soldaten nach dem Zweiten Weltkrieg. Seit den Flugzeugattentaten 2001 in den USA ist die Bundeswehr zur Friedenssicherung auch im Mittelmeer und zum Wiederaufbau in Afghanistan vertreten. Insgesamt waren im Jahr 2007 über 22 000 deutsche Soldaten für die NATO im Auslandseinsatz. Noch intensiver ist die finanzielle Beteiligung: Mit einem deutschen Beitrag von über 417 Millionen Euro kommt fast jeder fünfte Euro im NATO-Haushalt aus Deutschland. Während in einigen anderen Ländern die Regierung oder das Staatsoberhaupt über die Auslandseinsätze der jeweiligen Armee entscheidet, stimmt in Deutschland der Bundestag über den Einsatz bewaffneter Streitkräfte ab. Dass sich die NATO-Mitglieder in ihrer Militärpolitik durchaus auch unterscheiden, zeigte 2003 der Irakkrieg: Deutschland und Frankreich beteiligten sich nicht an dem hauptsächlich von den USA und Großbritannien geführten Krieg.

NATO-Gipfeltreffen

Gesellschaft und Kultur

Wer lebt in Deutschland?

Unter den etwa 82 Millionen Deutschen sind rund 10,7 Millionen Kinder und weitere 3,8 Millionen Jugendliche. Doch das ist zu wenig. Bisher hat die Zuwanderung von hauptsächlich jungen Menschen aus dem Ausland dafür gesorgt, dass die Bevölkerung in Deutschland nur wenig geschrumpft ist. Dennoch werden zwei wichtige Entwicklungen die zukünftige Bevölkerungsentwicklung in Deutschland maßgeblich bestimmen: Die Deutschen bekommen vergleichsweise wenige Kinder und werden dabei immer älter.

Warum überaltert unsere Gesellschaft?

Anfang der 1950er-Jahre bekam eine Frau in Deutschland im Schnitt 2,84 Kinder. Seitdem ist die Geburtenzahl auf weniger als die Hälfte gesunken: Im Jahr 2006 waren es pro Frau im Durchschnitt nur noch 1,33 Kinder. Damit liegt Deutschland im europäischen Vergleich mit am Ende, wenn auch die Geburtenrate 2007 wieder leicht gestiegen ist. Zum Erhalt der Bevölkerungszahl bräuchte man jedoch eine durchschnittliche Geburtenrate von 2,1. Besonders wenige Kinder bekommen Frauen mit guter Ausbildung: Nach jahrelangem Studium steht häufig zunächst das Arbeitsleben im Mittelpunkt. Für Frauen ist es nach wie vor schwierig, Familie und Beruf zeitlich zu vereinbaren. Die Politiker wollen die Situation verbessern, indem sie die Möglich-

Es gibt in Deutschland etwa zwei Millionen mehr Frauen als Männer. Bei den Älteren ist dieses Ungleichgewicht besonders groß.

GENERATIONENVERTRAG

Dieser Vertrag ist von niemandem unterschrieben worden, sondern er beschreibt die Methode, wie und von wem die Renten bezahlt werden: Die junge und die mittlere Generation, also die arbeitende Bevölkerung, finanziert die ältere Generation, die nicht mehr arbeiten geht. Dafür erhalten die Jüngeren selbst ein Anrecht darauf, im Alter von der nächsten jüngeren Generation unterstützt zu werden. Dies wird schwieriger, wenn in Deutschland weiterhin zu wenig Kinder geboren werden.

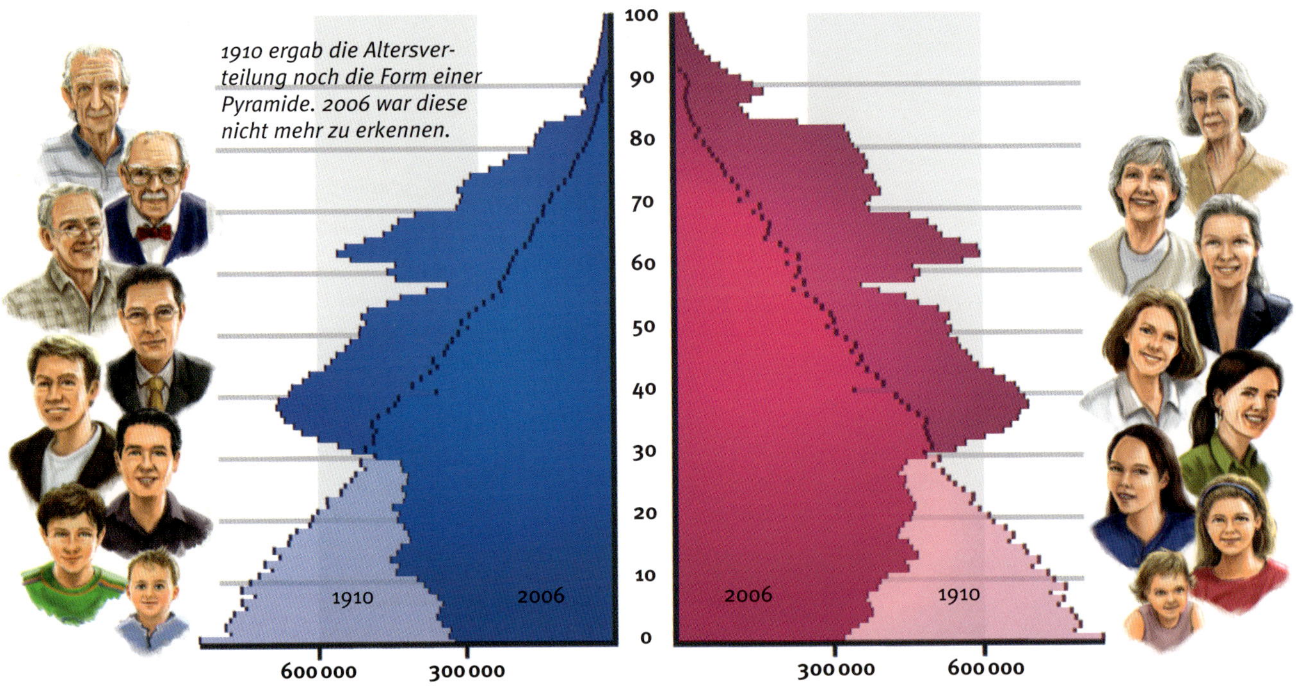

1910 ergab die Altersverteilung noch die Form einer Pyramide. 2006 war diese nicht mehr zu erkennen.

In Zukunft sollen mehr Krippenplätze für die Ein- bis Dreijährigen zur Verfügung stehen.

keiten der Kinderbetreuung in den nächsten Jahren ausbauen.

Gleichzeitig mit der sinkenden Geburtenrate steigt die Lebenserwartung: Sie liegt in Deutschland im Durchschnitt bei 76 Jahren für Männer und 81 Jahren für Frauen. Die Folge: Die Gesellschaft überaltert. Im Jahr 2006 waren schon mehr Deutsche über 65 als unter 18 Jahre alt.

Die Folgen dieser Überalterung sind noch nicht alle abzusehen. Es ist aber klar, dass etwa die Rentenversicherung stark unter Druck steht. Denn immer weniger junge arbeitende Bürger werden künftig die stetig zunehmende Anzahl von Rentnern aus ihren Beiträgen finanzieren müssen.

Zu wenig Kinder

Die Armut an Kindern ist ein Kennzeichen reicher Industrienationen. Das liegt unter anderem daran, dass sich das Bild der Familie stark gewandelt hat. Früher, als es noch keine Renten- und andere Versicherungen gab, sorgten die Mitglieder von Großfamilien füreinander. Viele Kinder sicherten den Lebensabend. Dies ist in armen Entwicklungsländern noch heute der Fall. In Deutschland dagegen gibt es heute mehr Haustiere als Kinder und Jugendliche!

Welche Bedeutung hat das Thema Ausbildung?

Seitdem Deutschland vor einigen Jahren bei der PISA-Studie schlecht abgeschnitten hat, sind die Missstände im deutschen Bildungssystem zu einem wichtigen politischen Thema geworden. Denn eine gute Ausbildung ist für junge Menschen die wichtigste Basis für eine erfolgreiche Zukunft. Doch in Deutschland hängt nach Ergebnissen der PISA-Studie der Erfolg in der Schule oft vom Elternhaus ab. Das heißt, dass Schüler aus ärmeren Familien schlechtere Chancen als Schüler aus höheren Schichten haben. Eine gezielte Betreuung

Haushalte mit fünf oder mehr Personen werden in Deutschland immer seltener. 2006 lebten in einem deutschen Haushalt durchschnittlich 2,08 Personen.

Modernes Familienleben

Die wichtigste soziale Gruppe der Menschen, die Familie, hat sich in den letzten Jahrzehnten in Deutschland in Größe und Form stark verändert. Zum einen sind die Großfamilien mit mehreren Generationen unter einem Dach fast verschwunden. Die meisten Menschen leben zwar in Haushalten mit mehreren Personen, jedoch größtenteils als Kleinfamilie mit nur einem Kind. In Deutschland gibt es etwa 4,6 Millionen dieser Vater-Mutter-Kind-Familien. Rund vier Millionen Eltern leben mit zwei Kindern zusammen, etwa eine Million Familien mit drei Kindern. Zum anderen hat sich die Art des Zusammenlebens gewandelt. Da mittlerweile fast vier von zehn Ehen wieder geschieden werden, ist die Zahl der Misch- oder Patchwork-Familien sowie der Alleinerziehenden stark angewachsen. Über drei Millionen Kinder leben in Deutschland mit nur einem Elternteil zusammen, in neun von zehn Fällen ist dies die Mutter. Viele andere Elternteile heiraten wieder neu und bringen jeweils ihre Kinder in die neue Familie mit ein. Auch das ehemals klassische Rollenverständnis „der Mann geht arbeiten – die Frau ist ausschließlich Hausfrau“ ist längst aufgebrochen: Sechs von zehn Müttern gehen heute arbeiten. Zahlreiche Väter engagieren sich zudem viel stärker als früher in der Betreuung und Erziehung ihrer Kinder.

Für ausländische Kinder sind Kenntnisse der deutschen Sprache sehr wichtig, um in der Schule mithalten zu können.

der Kinder vor der Einschulung, der Ausbau von Halbtags- zu Ganztagsschulen und verstärkter Sprachunterricht für Kinder mit einer anderen Muttersprache sollen die Chancen aller Kinder verbessern.

Wo werden die Forscher der Zukunft ausgebildet?

Wer sein (Fach-)Abitur bestanden hat, kann an einer der etwa 380 Hochschulen in Deutschland – darunter über 100 Universitäten – ein Studium beginnen. Mehr als jeder Dritte eines Jahrgangs geht auf eine Hochschule. Einen Abschluss macht allerdings nur ein Bruchteil davon.

Doch auch die rund 80 Nobelpreise, die bislang an Forscher aus Deutschland gingen, können nicht darüber hinwegtäuschen, dass die deutsche Wissenschaft derzeit Probleme hat. Es mangelt an Geld, Freiheit der Forschung und geeignetem Nachwuchs. Junge Wissenschaftler bekommen häufig aus dem Ausland bessere Arbeits- und Forschungsangebote und verlassen Deutschland.

Derzeit findet ein tief greifender Wandel statt, etwa die Umstellung auf neue Studienabschlüsse wie Bachelor und Master oder die spezielle Förderung von Elite-Universitäten. Deutschland soll so wieder an die wissenschaftliche Spitze herangeführt und als Forschungsstandort attraktiv werden.

Welchen Glauben haben die Menschen in Deutschland?

Nach den schrecklichen Glaubenskriegen und der brutalen Verfolgung von Andersgläubigen in den vergangenen Jahrhunderten herrscht heute in Deutschland Religionsfreiheit.

Zutiefst geprägt jedoch ist Deutschland vom Christentum, was mit der geschichtlichen Entwicklung zusammenhängt: Die deutschen Kaiser des Mittelalters sahen sich als Anführer der katholischen Kirche; die Reformation und die Entwicklung der evangelischen Kirchen nahm von Deutschland aus ihren Anfang. Die Bedeutung der Religion zeigt sich auch in der Stadtentwicklung: Die Kirchtürme stehen oft im

Im Jahr 2007 gingen der Chemie- und der Physik-Nobelpreis an deutsche Forscher: an den Chemiker Gerhard Ertl (oben) und den Physiker Peter Grünberg, der den Preis zusammen mit einem französischen Kollegen erhielt.

Schule

In Deutschland gibt es für alle Kinder die Pflicht, mindestens neun Jahre lang eine Schule zu besuchen. Die meisten kommen im Alter von sechs Jahren für vier Jahre in die Grundschule. Danach gibt es je nach Leistung und Begabung der Kinder verschiedene Möglichkeiten: Hauptschule, Realschule oder Gymnasium. Auf einer Gesamtschule werden alle Gruppen nebeneinander unterrichtet.

Die Ruprecht-Karls-Universität ist die älteste Universität Deutschlands. Sie wurde 1386 in Heidelberg gegründet. Im Hintergrund ist das Siegel der Universität Heidelberg zu sehen.

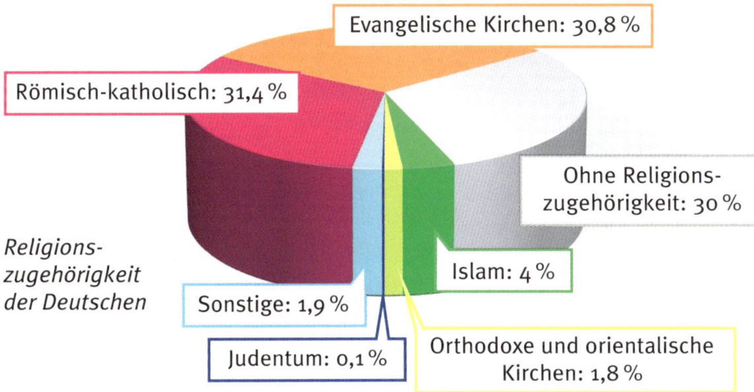

Religionszugehörigkeit der Deutschen

Mittelpunkt einer Gemeinde. Außerdem sind viele Ferien, Feiertage und die dazugehörigen Bräuche auf den christlichen Glauben zurückzuführen: Karneval, Ostern, Pfingsten, St. Martin, Nikolaus oder Weihnachten.

Etwa zwei von drei Bürgern in Deutschland gehören einer der christlichen Kirchen an, die allerdings in den letzten Jahrzehnten viele Mitglieder verloren haben.

Menschen jüdischen Glaubens leben nach dem Völkermord im Zweiten Weltkrieg nur noch wenige in Deutschland. Es gibt nur etwas mehr als 120 jüdische Gemeinden mit insgesamt rund 110000 Mitgliedern. Der Großteil davon ist unter dem Dach des Zentralrats der Juden organisiert.

Zunehmend an Gewicht gewinnt der Islam. Diese Entwicklung hängt mit der Zuwanderung zusammen – so bekennen sich zum Beispiel die meisten der rund 1,7 Millionen in Deutschland lebenden Türken zum Islam.

Staat und Kirche
sind in Deutschland getrennt, wenn auch nicht so strikt wie zum Beispiel in Frankreich. Es besteht eine breite Zusammenarbeit in Kindergärten, Schulen, sozialen Projekten oder Krankenhäusern. Finanziert wird dies unter anderem durch die Kirchensteuer, die vom Staat für die Kirchen eingenommen wird. Zudem ist auch an staatlichen Schulen Religion ein Unterrichtsfach.

Kulturenvielfalt

In Deutschland leben etwa 6,7 Millionen Ausländer; das sind 8,2 Prozent der Bevölkerung. Die meisten kommen aus Europa; die größte Gruppe stellen die türkischen Mitbürger mit 1,7 Millionen Menschen.
Ab den späten 1950er-Jahren wurden gezielt „Gastarbeiter“ nach Deutschland geholt, weil es für die viele Arbeit zu wenig Arbeitskräfte gab. Sie kamen unter anderem aus Italien, Spanien und der Türkei. Etliche blieben bis heute, viele ihrer Kinder und Enkelkinder wurden hier geboren und haben zum Teil längst einen deutschen Pass. Sie sind also keine Ausländer mehr, sondern Deutsche.
Zudem wanderten nach dem Zerfall des Ostblocks vermehrt deutschstämmige Spätaussiedler aus Osteuropa zurück nach Deutschland ein. Diese Gruppe umfasst etwa 4,5 Millionen Menschen. Diese Vielfalt der Kulturen ist eine Chance und Bereicherung, zugleich aber auch eine große Herausforderung. Die Menschen, die zugewandert sind, müssen möglichst gut in die Gesellschaft miteinbezogen werden. Dies nennt man Integration. Denn bislang haben gerade sie es besonders schwer – zum Beispiel in der Schule und im Beruf. Bessere Sprachkenntnisse und Bildung sollen in Zukunft ihre Situation verbessern.

Beim Karneval der Kulturen wird in Berlin jedes Jahr mit fantasievollen Kostümen die kulturelle Vielfalt der Stadt gefeiert.

Hildegard von Bingen beschrieb unter anderem, mit welchen Pflanzen Krankheiten behandelt werden können.

Gutenbergs Erfindung beeinflusste die Allgemeinbildung in ganz Europa, da nun die Massenproduktion von Schriften und Büchern möglich war.

Im Mai 1747 spielte Bach für den Preußenkönig Friedrich II. im Schloss Sanssouci in Potsdam.

Werner von Siemens baute 1879 die erste Elektro-Lokomotive, ein Jahr später den ersten elektrischen Aufzug.

Berühmte Deutsche

Hildegard von Bingen (1098–1179) war Nonne, Heilkundige und eine der wichtigsten Frauen des Mittelalters.

Johannes Gutenberg (ca. 1400–1468) revolutionierte 1450 mit beweglichen Lettern den Buchdruck.

Dürer revolutionierte die Holzschnitt- und Kupferstich-Technik.

Albrecht Dürer (1471–1528) wurde schon zu Lebzeiten in Europa als bedeutender Maler und Grafiker bewundert.

Nikolaus Kopernikus (1473–1543) war einer der wichtigsten Sternenkundler (Astronomen) des Mittelalters. Er stellte fest, dass nicht die Erde das Zentrum des Universums ist, sondern dass sich die Planeten um die Sonne drehen (heliozentrisches Weltbild).

Martin Luther (1483–1546) bereitete mit der Reformation den Weg in die Neuzeit.

Johannes Kepler (1571–1630), Astronom und Mathematiker, fand heraus, nach welchen Gegebenheiten sich die Planeten um die Sonne bewegen. Er war Mitbegründer der modernen Naturwissenschaften.

Maria Sibylla Merian (1647–1717) war Forschungsreisende und Kupferstecherin. Sie war eine Pionierin der Insektenkunde.

Maria Sibylla Merian

Johann Sebastian Bach (1685–1750) war ein Komponist und Meister der barocken Kirchenmusik. Wegweisend waren seine Matthäus-Passion, seine „Kunst der Fuge“ und die über 200 Kantaten.

Friedrich II., der Große, (1712–1786) war fast ein halbes Jahrhundert lang König der europäischen Großmacht Preußen.

Immanuel Kant (1724–1808) gilt als einer der wichtigsten Denker der Neuzeit und der deutschen Aufklärung. Mit seiner „Kritik der reinen Vernunft“ und dem „kategorischen Imperativ“ veränderte Kant die Philosophie grundlegend.

Johann Wolfgang von Goethe (1749–1832) ist als Dichter und Dramatiker bis heute weltberühmt.

Goethes bekanntestes Werk „Faust“ ist eines der wichtigsten Dramen der deutschen Literatur.

Gotthold Ephraim Lessing (1729–1781) war der wichtigste deutsche Schriftsteller der Aufklärung. Er kämpfte für die Gedankenfreiheit und die Freiheit des Bürgertums.

Friedrich Schiller (1759–1805) brachte als einer der bedeutendsten deutschen Dramatiker erfolgreich politische Themen ins Theater. Von ihm stammen unter anderem die Klassiker „Die Räuber“ und „Wilhelm Tell“.

Ludwig van Beethoven (1770–1827) war als Komponist ein Meister der Wiener Klassik und Wegbereiter der Romantik. Die „Ode an die Freude“, eine Melodie aus seiner 9. Sinfonie, ist heute die Europahymne.

Die Brüder **Jacob** und **Wilhelm Grimm** (1785–1863 und 1786–1859) haben nicht nur eine umfangreiche Märchensammlung veröffentlicht, sondern waren auch die

Begründer der deutschen Sprachwissenschaft.

Brüder Grimm

Bettina von Arnim (1785–1859) war Dichterin und zählt zu den bedeutendsten Frauen ihrer Zeit. Aufgrund ihres politischen und sozialen Engagements gilt sie als frühe Vertreterin der Frauenemanzipation.

Annette von Droste-Hülshoff (1797–1848) zählt zu den bedeutendsten deutschen Lyrikerinnen.

Richard Wagner (1813–1883) war ein bedeutender Komponist und Dirigent. Er ist vor allem für seine Opern und sein Festspielhaus in Bayreuth berühmt.

Otto von Bismarck (1815–1898) hat 1871 den ersten deutschen Nationalstaat mitgegründet. Durch geschickte Bündnispolitik sicherte er als Reichskanzler den Frieden und das Gleichgewicht in Europa.

Werner von Siemens (1816–1892) war Mitbegründer der Elektrotechnik.

Clara Schumann (1819–1896) war Komponistin und galt schon als Jugendliche als herausragende Pianistin.

Konrad Duden (1829–1911) schuf um die Jahrhundertwende durch seine Wörterbücher eine einheitliche deutsche Rechtschreibung.

Robert Koch (1843–1910) entdeckte die Erreger der Krankheiten Cholera und Tuberkulose und schuf wichtige Grundlagen zur Seuchenbekämpfung.

Carl Benz (1844–1929) und **Gottlieb Daimler** (1834–1900) machten ab 1885 die Menschen auch ohne Pferde mobil, und zwar mit der Erfindung des Automobils.

Wilhelm Conrad Röntgen (1845–1923) entdeckte 1895 unsichtbare Strahlen, mit denen er das Innere von Menschen und Tieren sichtbar machen konnte: die später nach ihm benannten Röntgenstrahlen. 1901 erhielt er dafür den Nobelpreis für Physik.

Otto Lilienthal (1848–1896) erfüllte sich den Traum vom Fliegen: Er war der erste Mensch, dem ab 1891 wiederholt Gleitflüge gelangen.

Albert Schweitzer (1875–1965) war Arzt, Philosoph und Theologe und gründete 1913 im heutigen Gabun das Urwaldkrankenhaus Lambarene. Er wandte sich gegen Nationalismus, Waffengewalt und Atombomben. 1952 erhielt er den Friedensnobelpreis.

Einsteins Relativitätstheorie brachte eine ganz neue Idee von Raum und Zeit.

Albert Einstein (1879–1955) schuf die wohl berühmteste Formel der Naturwissenschaft: $E = mc^2$ (Energie = Masse x Lichtgeschwindigkeit^2). 1921 erhielt er den Nobelpreis für Physik.

Marlene Dietrich (1901–1992) war die erste deutsche Schauspielerin und Sängerin, die in Hollywood ein Star wurde.

Max Schmeling (1905–2005) war von 1930 bis 1932 Boxweltmeister im Schwergewicht und der erste internationale Sportstar aus Deutschland.

Konrad Zuse (1910–1995) schuf 1941 den ersten binären Rechner der Welt und erfand somit den Computer. Sein „Z3“ wurde mit einfachen Löchern in Papierstreifen, den Lochstreifen, gesteuert.

1905 bekam Robert Koch den Nobelpreis für Medizin.

Gottlieb Daimler ließ sich in seinen Fahrzeugen herumkutschieren, hier in einer Motorkutsche im Jahr 1886.

Dank der Entdeckung Röntgens konnten Mediziner in einen Körper schauen, ohne ihn öffnen zu müssen.

Lilienthals erste Gleitflüge gingen über eine Strecke von 25 Metern.

Deutschland – das „Land der Dichter und Denker"?

Im europäischen Vergleich hat es lange gedauert, bis 1871 in Deutschland der erste Nationalstaat gegründet wurde. Bis dahin waren die vielen kleineren deutschen Staaten eher locker verbunden. Die Sehnsucht nach Nation und Zusammenhalt gab es aber.

In der Kunst und Kultur fand sich dieser Kitt schon vor 1871, und zwar in Form von berühmten und über die einzelnen Landesgrenzen hinweg bewunderten Dichtern und Denkern, die sich einer einheitlichen deutschen Sprache bedienten. Sie schufen mithilfe der Sprache als Bindeglied ein deutsches Gemeinschaftsgefühl, lange bevor politisch eine Einheit geschaffen wurde. Gefördert wurde diese Entwicklung durch die Aufklärung, die Reformen in Preußen und den Bildungshunger Friedrichs des Großen.

Die Liste der bedeutenden deutschen Künstler aus dieser Zeit der „Dichter und Denker" ist lang: Die beiden bekanntesten sind wohl die Schriftsteller Johann Wolfgang von Goethe und Friedrich Schiller. Zu nennen sind aber auch Gotthold Ephraim Lessing, Johann Gottfried Herder, Jacob und Wilhelm (die Brüder) Grimm, Theodor Fontane und Heinrich Heine. Hinzu kommen Philosophen wie Immanuel Kant und Georg Friedrich Hegel, Maler wie Carl Spitzweg und Komponisten wie Ludwig van Beethoven und Richard Wagner.

Ludwig van Beethoven

Welchen Platz hat Deutschland in der Musikgeschichte?

Aus Deutschland kamen in den vergangenen Jahrhunderten viele berühmte Komponisten, deren Werke bis heute die Menschen auf der ganzen Welt begeistern: Bach, Händel, Beethoven, Schumann, Mendelssohn Bartholdy, Brahms, Wagner bis hin zu Hindemith, Orff, Stockhausen, Henze oder Rihm. Die deutschen Musiker und Komponisten prägten die klassische Musik vom Barock bis zur Romantik

Als Weimarer Klassik wird das literarische Leben Ende des 18., Anfang des 19. Jahrhunderts bezeichnet, in dessen Zentrum die eng befreundeten Dichter Friedrich Schiller und Johann Wolfgang von Goethe standen. Beide lebten eine gewisse Zeit in Weimar, in der nicht nur verschiedene Gedichte und Dramen entstanden, sondern auch eine bestimmte Idee von Kunst und Literatur: Im Rückgriff auf die Antike wurden den Unruhen der Zeit Menschlichkeit, Toleranz und Harmonie entgegengestellt.

Goethe-Schiller-Denkmal in Weimar

Deutsche Musik heute

Heute kommen die berühmten deutschen Musiker aus der Pop-, Rock oder Rap-Musik – auch wenn sie sich auf internationaler Ebene deutlich schwerer tun, vor allem wenn sie in deutscher Sprache singen. Einen Höhepunkt deutscher Texte gab es in den 1980er-Jahren mit der „Neuen Deutschen Welle": Nena, Trio oder Extrabreit führten die deutsche Sprache aus der Welt des Schlagers. Dies war die Basis für die Pop- und Rockmusiker Herbert Grönemeyer, Marius Müller-Westernhagen oder Udo Lindenberg, die Punkrockbands „Die Toten Hosen" und „Die Ärzte" oder die Hip-Hopper der „Fantastischen Vier". Im neuen Jahrtausend begann eine zweite deutsche Welle mit Poprockbands wie „Wir sind Helden", „Sportfreunde Stiller", „Silbermond" oder „Juli". In der Rap-Szene entstand in Berlin ein wichtiges Zentrum, von wo aus Themen wie Gewalt oder Arbeitslosigkeit besungen wurden. Besonders erfolgreich im Ausland sind „Rammstein" und die „Scorpions".

Herbert Grönemeyer

Die **BERLINALE** gehört neben den Festspielen von Venedig und Cannes zu den drei größten Filmfestivals der Welt und ist zugleich das weltweit größte Publikumsfilmfestival überhaupt. Jedes Jahr im Februar werden in Berlin für zwei Wochen bis zu 400 Filme aller Art und Länge gezeigt. Für den besten Film wird der „Goldene Bär" vergeben.

Der deutsche Film „Good Bye, Lenin" lief erfolgreich in fast 70 Ländern!

Die **DOCUMENTA** in Kassel ist das „Museum der hundert Tage": Die weltweit wohl bedeutendste Ausstellung zeitgenössischer Kunst findet alle fünf Jahre für hundert Tage statt. Gegründet wurde die documenta 1955 vom Maler, Designer und Kunstprofessor Arnold Bode (1900–1977).

(17.–19. Jahrhundert) wie auch der Moderne entscheidend.

Einer der bedeutendsten Komponisten des Barock war Johann Sebastian Bach (1685–1750). Bis heute dient sein „Wohltemperiertes Klavier" als Lehrwerk für kleine Pianisten. Mit seinem umfangreichen Werk beeinflusste er zahlreiche spätere Komponisten.

Ludwig van Beethoven (1770–1827) war ein Meister der Wiener Klassik. Seine genialen Symphonien und Konzerte wurden schon zu seinen Lebzeiten in ganz Europa begeistert gespielt. Dabei konnte er mit etwa 30 Jahren krankheitsbedingt immer schlechter hören und wurde schließlich sogar ganz taub. Dennoch komponierte er selbst in dieser Zeit grandiose Musik.

Wie sieht das kulturelle Leben aus?

Deutschland hat ein reiches kulturelles Leben in sehr vielen größeren Städten. Denn die Kulturförderung ist nicht Aufgabe des Bundes, sondern der Länder. Und so gibt es in jedem Bundesland viele Zentren, mit insgesamt rund 600 Kunstmuseen, etwa 400 Theatern, 80 Opernhäusern, Orchestern und Vereinen, diversen Festivals, Wettbewerben und Messen.

Herausragende deutsche Künstler der heutigen Zeit kommen aus dem Theater, der Malerei oder der Fotografie. Besonders das deutsche Theater ist mit seiner Vielfalt und seinen neuen Ideen sicherlich ein Vorbild für die Kreativen anderer Länder.

FRANKFURTER BUCHMESSE

Jedes Jahr im Herbst findet in Frankfurt am Main die größte und bedeutendste Buchmesse der Welt statt. Allein in Deutschland werden jährlich mehr als 80 000 Bücher neu auf den Markt gebracht! An fünf Tagen im Oktober strömen Verleger, Schriftsteller, Buchhändler und viele andere Bücherfreunde auf das Messegelände, um neue Bücher zu präsentieren und Geschäfte abzuschließen. Besonders hervorgehoben wird jeweils die Literatur eines Gastlandes. Zudem wird jedes Jahr der weltberühmte Friedenspreis des Deutschen Buchhandels in der Frankfurter Paulskirche verliehen.

Die Berliner Philharmoniker zählen zu den berühmtesten deutschen Orchestern. 2007 feierten sie mit ihrem Dirigenten Sir Simon Rattle ihr 125. Jubiläum.

Beruf: Journalist

Verschlafen geht Paul hinunter in die Küche. Er hat heute erst zur dritten Stunde Unterricht. Seine Mutter ist bereits auf dem Weg in die Apotheke, in der sie arbeitet. Sein Vater hingegen sitzt noch am Frühstückstisch und liest die Tageszeitung, an der er selbst mitgearbeitet hat. Er ist nämlich Journalist und muss immer erst zwischen zehn und elf Uhr in die Redaktion. Dafür bleibt er abends oft länger, weil er seine Artikel über die Ereignisse des Tages noch fertig schreiben muss. Ganz besonders knapp wird es immer, wenn irgendetwas Wichtiges am Abend passiert. Dann muss der Bericht bis 23 Uhr in den Computer eingegeben sein, damit er noch rechtzeitig gedruckt werden kann. Noch vor Mitternacht laufen dann die Druckmaschinen an. Auch an Sonn- und Feiertagen ist Pauls Vater in der Redaktion, damit am nächsten Morgen eine Zeitung erscheinen kann.

Welche Medienlandschaft hat Deutschland?

Auch in Deutschlands Medienlandschaft ist durch die Kulturhoheit der Länder eine außerordentliche Vielfalt entstanden. Weil die Journalisten alles kritisch hinterfragen und politisch unabhängig berichten sollen, werden sie auch als die „Vierte Gewalt“ im Staat bezeichnet.

Da die meisten Medien wirtschaftlich erfolgreich sein müssen, spielen Verkaufszahlen und Einschaltquoten eine zunehmend bedeutende Rolle. In solchen Fällen wird eher darauf geachtet, was eine große Masse von Menschen interessieren könnte, als darauf, was inhaltlich wichtiger wäre.

Es gibt in Deutschland rund 350 Tageszeitungen, nur elf davon erscheinen bundesweit. Zwei wichtige und angesehene Zeitungen sind die bundesweit erscheinende „Frankfurter Allgemeine Zeitung“ (FAZ) und die „Süddeutsche Zeitung“ (SZ). Die auflagenstärkste Zeitung ist die „Bild“-Zeitung. Hinzu kommen Wochenzeitungen wie „Die Zeit“ und Wochenzeitschriften wie die Nachrichtenmagazine „Der Spiegel“ und „Focus“, die auch Internet-Ableger mit großer Reichweite betreiben.

Pressefreiheit

Nach den Erfahrungen unter der Nazi-Diktatur, als kritische Artikel verboten und Journalisten verfolgt wurden, legten die westlichen Siegermächte nach dem Zweiten Weltkrieg großen Wert auf Pressefreiheit in der Bundesrepublik. Deswegen wurde diese sogar im Grundgesetz abgesichert: „Jeder hat das Recht, seine Meinung in Wort, Schrift und Bild frei zu äußern und zu verbreiten ... Die Pressefreiheit und die Freiheit der Berichterstattung durch Rundfunk und Film werden gewährleistet. Eine Zensur findet nicht statt.“

Die „tagesschau“ gestern und heute: Die „tagesschau“ der ARD ist die älteste Nachrichtensendung des deutschen Fernsehens. Sie wurde am 26. Dezember 1952 zum ersten Mal ausgestrahlt.

TURNVATER JAHN

Sport für alle: Friedrich Ludwig Jahn (1778–1852) erfand das moderne Turnen als Breitensport, woraus eine Weltsportart wurde. 1811 ließ Jahn in der Berliner Hasenheide den ersten öffentlichen Turnplatz Deutschlands bauen. Auf ihn geht der Wahlspruch „Frisch, fromm, fröhlich, frei“ zurück. Jahn verstand das Turnen aber auch als Vorbereitung auf den Befreiungskrieg gegen Napoleon.

Das „Wunder von Bern“: Fritz Walter & Co – hier bei der Siegerehrung – wurden 1954 Fußball-Weltmeister. Der Sieg stärkte nicht zuletzt auch das Selbstvertrauen der Westdeutschen nach dem Krieg.

Im Fernsehen gibt es ein gut funktionierendes Nebeneinander von privaten und öffentlich-rechtlichen Sendern. Die öffentlich-rechtlichen Sender finanzieren sich in erster Linie aus Beitragszahlungen der Zuschauer, Privatsender dagegen über Werbeeinnahmen. Laut Umfragen laufen die glaubwürdigsten Nachrichtensendungen bei den öffentlich-rechtlichen Sendern ARD und ZDF. Gerade jüngere Zuschauer bevorzugen jedoch das Programm der Privatsender.

Im Radio rivalisieren auf ähnliche Weise wie beim Fernsehen rund 60 öffentlich-rechtliche gegen etwa 240 private Sender.

In den 1980er- und 1990er-Jahren war Tennis in Deutschland ein Publikumsmagnet: Steffi Graf (unten) und Boris Becker feierten einen Sieg nach dem anderen.

Welchen Stellenwert hat der Sport in Deutschland?

Deutschland ist ein sportbegeistertes Land – nicht nur vor dem Fernseher. Viele Deutsche treiben selbst regelmäßig Sport: Mehr als 27 Millionen Menschen sind in rund 90 000 Sportvereinen aktiv. Davon sind die meisten Aktiven in einem Fußball-Verein. Der Deutsche Fußball-Verband (DFB) ist mit über 6,3 Millionen Mitgliedern, mehr als 170 000 Mannschaften und rund 26 000 Vereinen der größte Einzelsportverband der Welt. Neben der aktiven sportlichen Betätigung spielt auch der Passiv-Sport eine große Rolle. Der Profisport, vor allem der Fußball, zieht Wochenende für Wochenende Hunderttausende Fans in die Stadien und Millionen vor die Fernseher. Dieser ist auch ein gewaltiger Wirtschaftsfaktor.

Aber auch Sportarten wie Basketball, Biathlon, Handball, Motorsport, Radsport, Reiten, Tennis, Skispringen und sportliche Ereignisse wie die Olympischen Spiele haben in Deutschland viele Fans.

TV-Rekord: Rund 30 Millionen Menschen sahen am 4. Juli 2006 das Fußball-WM-Halbfinale zwischen Deutschland und Italien, wobei die Zuschauer auf öffentlichen Plätzen und in Kneipen gar nicht mitgezählt wurden.

Die deutsche Wirtschaft

Was versteht man unter sozialer Marktwirtschaft?

Nach dem Zweiten Weltkrieg wurde in Westdeutschland die Marktwirtschaft mit freiem Wettbewerb eingeführt. Viele zweifelten zunächst an dem System, weil sie sich nicht vorstellen konnten, dass der freie Wettbewerb funktionieren würde. Man fürchtete ein Chaos. Der Alltag aber zeigte: Das Angebot der Firmen und die Nachfrage der Kunden klappten im freien Zusammenspiel. Man sprach schnell von einem „Wirtschaftswunder".

Ludwig Erhard, dem ersten Wirtschaftsminister der Bundesrepublik, ging es aber nicht nur um das Wohl der Stärkeren am Markt, sondern auch um die Not der Schwächeren. In begrenztem Umfang sollte sich der Staat deshalb weiterhin einmischen und benachteiligten oder Not leidenden Bürgern, Branchen und Regionen helfen. Das ist bis heute so. Dieses System nennt man soziale Marktwirtschaft. Durch die Sozialversicherungen werden Arbeitslose, Kranke und Alte unterstützt. Die staatlichen Hilfen sichern jedoch nur die Grundversorgung. Die Steuergelder für Branchen mit Problemen, wie etwa die Landwirtschaft, nennt man Subventionen. Staatliche Unterstützung für Firmen oder Wirtschaftszweige ohne echte Zukunftschancen sind für eine Marktwirtschaft aber kritisch.

Durch steigende Ausgaben, wirtschaftliche Probleme und zum Teil umstrittene Reformen kam es in den letzten Jahren zu einer Vertrauenskrise. Trotzdem hat sich die soziale Marktwirtschaft bis heute als stabiles Wirtschaftssystem bewährt.

Wohlstand für alle: Der VW Käfer galt als Wahrzeichen des Wirtschaftswunders.

„Wirtschaftswunder"

Das „Wirtschaftswunder" begann kurz nach dem Ende des Zweiten Weltkriegs. Beim Wiederaufbau der zerstörten Häuser und Städte träumten viele Deutsche von Dingen, die für uns heute selbstverständlich sind: von ausreichend Lebensmitteln und Wohnungen, Fernsehern, Autos oder Urlaubsreisen. In Westdeutschland ging dieser Traum innerhalb nur weniger Jahre in Erfüllung. Nach der Einführung der D-Mark im Jahre 1948 begann ein rasanter wirtschaftlicher Aufschwung. Durch Eigeninitiative der Deutschen, die starke Bindung an die westlichen Länder und die finanzielle Unterstützung der USA erholte sich die Bundesrepublik mit großer Geschwindigkeit von den Kriegsfolgen und wurde zu einer führenden Wirtschaftsnation.

Ludwig Erhard (1897–1977) gilt als „Vater" des Wirtschaftswunders. Er war von 1949–1963 der erste Wirtschaftsminister der Bundesrepublik Deutschland.

Steuern

Jeder Bürger und jeder Betrieb, der Geld verdient oder einnimmt, zahlt davon einen bestimmten Anteil in die Staatskassen. Dieser Betrag wird Steuer genannt und ist abhängig von der Höhe des Einkommens oder der Einnahmen. Mit den Steuergeldern bezahlen Bund, Länder und Gemeinden unter anderem staatliche Einrichtungen wie Kindergärten, Schulen und die Polizei.

BIP

Deutschland ist die größte Volkswirtschaft in der EU und die drittgrößte der Welt. Gemessen wird die wirtschaftliche Leistung im Brutto-Inlands-Produkt (BIP): Es ist der Wert aller im Land hergestellten Waren und Dienstleistungen eines Jahres.

Deutsches Geld

Mit der Reichsgründung 1871 entstand erstmals auch eine einheitliche deutsche Währung: die Mark bzw. Goldmark. Nach einem gigantischen Wertverlust (Inflation) während der Weimarer Republik wurde erst die Papier-, dann die Renten- und schließlich 1924 die Reichsmark eingeführt. Diese Währung galt bis kurz vor der Gründung von BRD und DDR. Im Westen wurde die Deutsche Mark zu einem wichtigen und stabilen Pfeiler der Wirtschaft. 2002 kam der Euro als europäisches Bargeld in Umlauf.

20 Reichsmark aus dem Jahr 1945 (rechts). Drei Jahre später kam mit der Währungsreform in Westdeutschland die D-Mark (links oben), in der DDR die sogenannte Ostmark (links unten).

„Made in Germany“

(dt. „hergestellt in Deutschland“) gilt heute weltweit als bekanntes Qualitätssiegel für deutsche Produkte. Entstanden ist es in England: 1887 wollten die Briten ihre eigenen Waren schützen und zwangen deutsche Firmen in Großbritannien, auf ihre angeblich schlechteren Produkte „made in Germany“ zu schreiben. Aus dem Versuch der Abschreckung wurde durch die hohe Güte und Zuverlässigkeit vieler deutscher Waren aber ungewollt Werbung.

Im- und Export

Im Jahr 2006 führte Deutschland Waren – Rohstoffe, Teil- und Fertigprodukte – im Wert von etwa 730 Milliarden Euro ein. Man nennt dies Import, im Gegensatz zum Export, der Ausfuhr von Waren. Der wichtigste Handelspartner Deutschlands ist sowohl bei der Ein- als auch der Ausfuhr das Nachbarland Frankreich.

Welche Wirtschaftsbereiche gibt es?

Die Wirtschaft wird in drei Bereiche unterteilt: Im ersten Sektor werden die Rohstoffe gewonnen (Land- und Forstwirtschaft oder Bergbau), im zweiten die Rohstoffe verarbeitet und Produkte hergestellt (Industrie und Handwerk) und im dritten Bereich werden zum Beispiel die Waren verkauft und zum Kunden gebracht (Handel und Dienstleistungen).

Etwa die Hälfte der deutschen Landesfläche wird für die Landwirtschaft genutzt, das heißt für den Acker- und Gartenbau (70 %) sowie die Viehzucht (30 %).

Einen viel größeren Anteil an der deutschen Wirtschaft hat jedoch die Industrie, also die Herstellung von Waren in Fabriken – auch wenn sie in den letzten Jahren an Bedeutung verloren hat. Wichtige Branchen sind zum Beispiel die Elektronikbranche, die chemische Industrie, der Maschinenbau und die Automobilindustrie.

Den größten Sektor machen die Dienstleistungen aus. Dieser Bereich wird in der deutschen Wirtschaft immer wichtiger. Fast 28 Millionen Menschen arbeiten im Handwerk, bei Banken, im Medienbereich, in Hotels, bei Internet- oder Telefonfirmen und bei vielen anderen Dienstleistern.

Was bedeutet „Exportweltmeister“?

Kein Land in der Welt verkauft vom Wert her so viele Waren ins Ausland wie Deutschland: 2006 waren es Güter für fast 900 Milliarden Euro. Deshalb schmückt sich Deutschland schon seit Jahren mit dem Titel „Exportweltmeister“, vor den USA und Japan. An oberster Stelle der ins Ausland verkauften Produkte stehen Autos und Autozubehör, danach Maschinen, Elektronik und chemische Endprodukte.

Fertigung eines Wafers, einer dünnen Scheibe aus Halbleitermaterial, für die Herstellung von Mikrochips

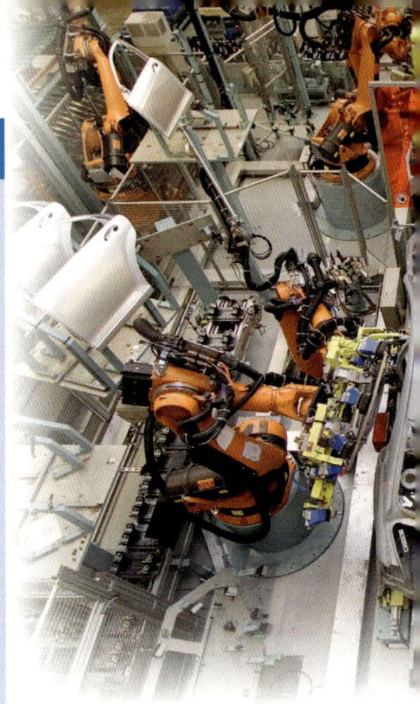

Beruf: Schichtleiter in einem Autowerk

Als Nele und Jacob nach der Schule lautstark durch die Wohnung toben, werden sie energisch von ihrer Mutter gestoppt. „Nicht so laut! Papa schläft", mahnt sie und deutet mit dem Kopf auf das elterliche Schlafzimmer. Der Vater von Nele und Jacob ist Schichtleiter in einer großen Autofabrik und hat die ganze Nacht gearbeitet. Zurzeit arbeitet er in der Montage – dort, wo die Einzelteile und die bereits vorgefertigten Komponenten wie der Motor, die Achsen oder das Cockpit in die Karosserie eingebaut werden. Etliche dieser Komponenten werden von der Autofirma gar nicht mehr selbst hergestellt. Das machen Zulieferfirmen, die eng verzahnt mit dem Autobauer immer gerade so viele Spiegel, Türschlösser oder Klimaanlagen liefern, wie aktuell benötigt werden. So werden keine großen Lagerhallen gebraucht. Ein Auto aus diesen Teilen zusammenzubauen, dauert etwa 12 bis 30 Stunden, bei besonders aufwendigen Autos dauert es sogar länger. Früher waren daran viele Menschen beteiligt, heutzutage stehen immer weniger Mitarbeiter in der Montagehalle, weil Computer und Roboter die einzelnen Teile viel schneller verschweißen und zusammenbauen können.

Welche Rolle spielt der Automobilbau?

In Deutschland zählt der Automobilbau zu den wichtigsten Wirtschaftszweigen. Deutsche Firmen haben im Jahr 2006 über 12 Millionen Automobile hergestellt. Das sind mehr Autos als Österreich, Griechenland oder Belgien Einwohner hat. Die deutschen Autobauer gehören neben Firmen aus den USA und Japan zu den wichtigsten Autoherstellern der Welt.

Welche Probleme hat die deutsche Wirtschaft?

Wie in den meisten Industrienationen ist auch in Deutschland ab den 1970er-Jahren die Erwerbslosigkeit zu einem ernsthaften Problem geworden. Dreißig Jahre später waren im wiedervereinigten Deutschland sogar erstmals über fünf Millionen Menschen arbeitslos! Mittlerweile ist diese Zahl zwar erfreulicherweise wieder gesunken, doch die Angst vor Arbeitslosigkeit ist geblieben.

Die Gründe für die hohe Zahl an Erwerbslosen in Deutschland sind vielfältig. Grundsätzlich leben wir heute in einer Welt, die sich sehr schnell verändert. Der technische Fortschritt sorgt dafür, dass manche Dinge nahezu überflüssig werden, wie zum Beispiel Plattenspieler oder Schreibmaschinen. Solche Veränderungen haben viele Vorteile, weil neue Dinge erfunden oder Waren preiswerter werden. Dadurch sind ganz neue Arbeitsplätze entstanden – aber eben auch zahlreiche andere verloren gegangen. Computer ersetzen in Fabriken viele Menschen. Da-

Aussenhandel

Es gibt kein Land der Erde, mit dem deutsche Firmen nicht handeln. Die Außenwirtschaft ist der wichtigste Motor der deutschen Volkswirtschaft. Die Teilnahme an der Globalisierung sichert daher trotz aller negativen Aspekte – wie der Verlagerung von Fabriken in Niedriglohn-Länder – auch unseren Wohlstand. Allerdings ist Deutschland dadurch auch stark von der Entwicklung am Weltmarkt abhängig.

Derzeit arbeiten deutsche Autobauer verstärkt an der Entwicklung von umweltfreundlichen Autos: Sie sollen möglichst sparsam, aber gleichzeitig leistungsstark sein. Bei diesem Modell mit ganz neuer Motorentechnik dient ein Solardach als zusätzliche Energiequelle für das Bordnetz.

Jedes Auto in der Montagestraße ist anders. Bei den vielen unterschiedlichen Motoren, Getrieben, Ausstattungen, Farben oder Polstern sind Tausende Möglichkeiten denkbar. Dies erfordert eine Meisterleistung in der Planung.

neben spielt auch die Globalisierung eine wichtige Rolle, also die weltweite Verflechtung. So werden Turnschuhe oder T-Shirts heute häufig in Asien oder Osteuropa hergestellt, weil die Löhne dort niedriger sind. Wenn Firmen oder Menschen hierzulande zu langsam auf solche Veränderungen reagieren, dann ist die Folge oft Arbeitslosigkeit.

Nach der Wende kam hinzu, dass DDR-Betriebe aus der Planwirtschaft nicht wettbewerbsfähig waren, wodurch in Ostdeutschland viele Arbeitsplätze wegbrachen.

Der Dreh- und Angelpunkt jedoch ist die Qualifikation: Je besser die Ausbildung, desto größer ist die Chance, Arbeit zu finden.

Der Bau von energieeffizienten Gebäuden zählt zu den wichtigen Zukunftsprojekten. Im Bild sieht man, dass dieses Schulgebäude kaum Wärme nach außen abgibt: Nur ein gekipptes Fenster und eine Lampe sind rot und somit warm.

Warum sind Forschung und Innovation so wichtig?

Weil im rohstoffarmen Deutschland relativ hohe Löhne gezahlt werden, müssen sich deutsche Firmen auf andere Weise gegenüber ausländischen Konkurrenten auszeichnen. Deshalb wird viel Geld in die Forschung gesteckt. Deutsche Ingenieure bekommen auf diese Weise einen Wissensvorsprung gegenüber ausländischen Konkurrenten und haben deswegen viel Know-how. So nennt man die Erfahrung, wie etwa Geräte zu bauen oder Probleme zu lösen sind. Diese Suche nach Innovationen, also neuen Erfindungen, ist im Maschinen- und Automobilbau, der Medizin- und der Elektrotechnik sehr erfolgreich. Ein Beispiel ist die Nanotechnologie, die in Deutschland als Industrie der Zukunft gilt. Auf kleinstem Raum (1 Nanometer = 1 Millionstelmillimeter) entstehen neue Computer-Chips, Werkstoffe für umweltschonende Autos oder auch für Zahnfüllungen.

Deutsche Erfindungen und Erfinder

Das Land der Ideen und Ingenieure: In keinem anderen Land Europas werden so viele Patente angemeldet wie in Deutschland. Einige dieser Ideen führten zu Erfindungen, die wir heute im Alltag nicht mehr missen möchten. Hier nur eine kleine Auswahl:

Fahrrad: Der Mannheimer Karl von Drais fuhr und balancierte 1817 erstmals auf zwei Rädern.

Telefon: Philipp Reis fand 1861 heraus, wie Töne in elektrische Signale und dann wieder in Schall verwandelt werden können.

Kühlschrank: Carl von Linde erhielt 1876 das Patent für einen Kühlschrank mit Ammoniak als Kühlmittel.

LCD-Technik: Der Physiker Otto Lehmann veröffentlichte bereits 1904 sein Wissen über Flüssigkristalle, die heute Flachbildschirme ermöglichen.

Zahnpasta: Die Ägypter pflegten ihre Zähne unter anderem mit Bimsstaub und Weinessig, die Römer mit Urin. Die erste Zahnpasta nach heutiger Art erfand der Dresdner Apotheker Ottmar Heinsius von Mayenburg 1907.

Fernsehen: Manfred von Ardenne gelang 1930 die erste vollelektronische Fernsehübertragung.

Scanner: Rudolf Hell, der Erfinder des Faxgerätes (1956), entwickelte 1963 in Kiel auch den Scanner.

Chipkarte: Jürgen Dethloff und Helmuth Gröttrup melden 1969 das Patent zur Chipkarte an. Heute speichert man darauf Geldbeträge, Handy-Informationen und vieles mehr.

MP3-Format: Karlheinz Brandenburg entwickelte am Fraunhofer-Institut mit einem Team ab 1987 das Verfahren zum Verdichten von Audiodaten.

Welterbestätten in Deutschland

Deutschland gehört zu den sieben wichtigsten Reiseländern der Welt. Zu den touristischen Höhepunkten zählen die UNESCO-Welterbestätten. Seit 1972 gibt es das „Übereinkommen zum Schutz des Kultur- und Naturerbes der Welt". Ziel ist es, dass besondere Denkmäler und Naturlandschaften für die Nachkommen erhalten bleiben.

Weltweit gibt es 878 Welterbestätten in 145 Staaten. Hier werden die 33 Welterbestätten in Deutschland vorgestellt. Die Jahreszahl in Klammern gibt an, wann das Denkmal in die Welterbeliste der UNESCO aufgenommen wurde.

1) Aachener Dom (1978)
Karl der Große ließ den achteckigen Mittelbau des Doms um 800 als Pfalzkapelle errichten. Noch heute steht dort sein Marmorthron.

2) Speyerer Dom (1981)
Der Dom wurde 1061 geweiht und war damals das größte Gotteshaus des christlichen Abendlandes.

3) Würzburger Residenz und Hofgarten (1981)
Die fürstbischöfliche Residenz zählt zu den bedeutendsten Schlössern Europas.

4) Wallfahrtskirche „Die Wies" (1983)
Die barocke Wieskirche liegt idyllisch vor der Kulisse der Ammergauer Berge.

Wieskirche

5) Schlösser Augustusburg und Falkenlust in Brühl (1984)
Die beiden Schlösser gelten als Höhepunkte des Rokoko.

6) Dom und Michaeliskirche in Hildesheim (1985)
Beide romanischen Gotteshäuser wurden im 11. Jahrhundert erbaut.

7) Römerbauten, Dom und Liebfrauenkirche in Trier (1986)
Trier gilt als die älteste deutsche Stadt. Der Dom war eine der ersten gotischen Kirchen in Deutschland.

8) Altstadt von Lübeck (1987)
Die Hansestadt hat einen mittelalterlichen Stadtkern und wird auch „Königin der Hanse" genannt.

Holstentor

9) Schlösser und Parks von Potsdam und Berlin (1990, 1992 und 1999)
Zu den Welterbestätten zählen unter anderem Schloss Sanssouci in Potsdam und Schloss Babelsberg in Berlin.

Schloss Sanssouci

10) Kloster Lorsch (1991)
Nur noch wenige Reste des Klosters sind zu sehen. Sie gehörten einer mächtigen Klosteranlage an, die im 8. Jahrhundert erbaut wurde.

Kloster Lorsch

11) Bergwerk Rammelsberg und Altstadt von Goslar (1992)
Das Bergwerk wurde 1988 stillgelegt. Heute ist darin ein Bergbaumuseum untergebracht.

12) Altstadt von Bamberg (1993)
Wie das antike Rom, so wurde auch Bamberg auf sieben Hügeln erbaut. Die Altstadt blieb im Krieg von Zerstörung verschont.

13) Klosteranlage Maulbronn (1993)
Sie gilt als schönste aller erhaltenen Klosteranlagen in Deutschland.

14) Stiftskirche, Schloss und Altstadt von Quedlinburg (1994)
In der Altstadt stehen über 1000 Fachwerkbauten aus sechs Jahrhunderten.

15) Völklinger Hütte (1994)
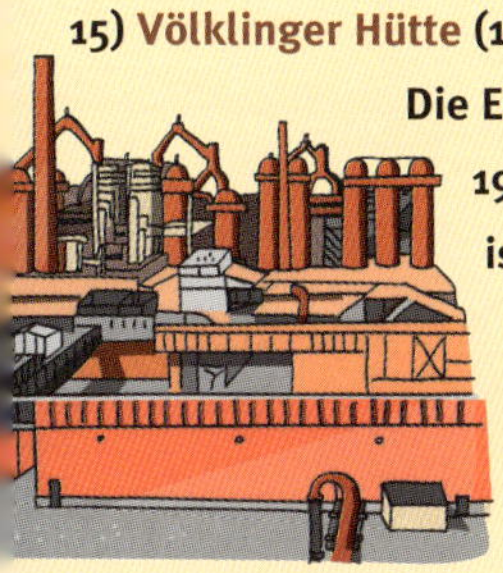
Die Eisenhütte war bis 1986 in Betrieb. Sie ist ein einzigartiges Denkmal der Industriegeschichte.

Völklinger Hütte

16) Grube Messel (1995)
Die Fossillagerstätte wurde als erstes deutsches Naturdenkmal in die Liste aufgenommen.

17) Kölner Dom (1996)
Im Schrein der hochgothischen Kathedrale werden die Gebeine der Heiligen Drei Könige aufbewahrt.

Kölner Dom

18) Das Bauhaus und seine Stätten in Weimar und Dessau (1996)
Das Bauhaus war eine Schule für Architektur, bildende Kunst und Handwerk mit ganz neuen Ideen. Sie wurde 1919 in Weimar eröffnet und siedelte 1925 nach Dessau um.

19) Luthergedenkstätten in Eisleben und Wittenberg (1996)
An das Portal der Schlosskirche von Wittenberg schlug Luther seine 95 Thesen, die die Reformation auslösten.

Luther-Denkmal

20) „Klassisches Weimar“ (1998)
Zu den Gebäuden, die eine wichtige Rolle im Weimar des späten 18. und frühen 19. Jahrhunderts spielten, zählen Goethes und Schillers Wohnhaus.

Wartburg

21) Wartburg (1999)
Noch heute kann man die Lutherstube auf der Wartburg besichtigen, in der Luther das Neue Testament übersetzte.

22) Museumsinsel Berlin (1999)
Fünf Museen zählen dazu: das Pergamonmuseum, das Alte Museum, die Nationalgalerie, das Bode-Museum und das Neue Museum.

23) Gartenreich Dessau-Wörlitz (2000)
Der Landschaftsgarten wurde Ende des 18. Jahrhunderts angelegt. Er vereint Einflüsse aus vielen Ländern.

24) Klosterinsel Reichenau (2000)
Die Insel liegt im Bodensee. 724 wurde das Kloster auf der „reichen Au“ gegündet.

25) Industriekomplex Zeche Zollverein in Essen (2001)
1986 wurde das große Steinkohlebergwerk stillgelegt. Seit 1997 hat dort das Design Zentrum Nordrhein-Westfalen seinen Sitz.

Zeche Zollverein

26) Altstädte von Stralsund und Wismar (2002)
Die beiden Städte gelten als Musterbeispiele für das kulturelle Erbe der Hanse. Der Städtebund hatte im 14. Jahrhundert seine Blütezeit.

27) Oberes Mittelrheintal (2002)
Die Kulturlandschaft Oberes Mittelrheintal liegt zwischen Bingen, Rüdesheim und Koblenz.

28) Dresdner Elbtal (2004)
Wegen des geplanten Baus einer neuen Brücke über die Elbe steht die Kulturlandschaft Dresdner Elbtal seit 2006 auf der Liste des gefährdeten Welterbes.

29) Rathaus und Roland in Bremen (2004)
Der Roland ist eine Statue auf dem Bremer Marktplatz aus dem Jahr 1404, die die Stadtfreiheit symbolisiert.

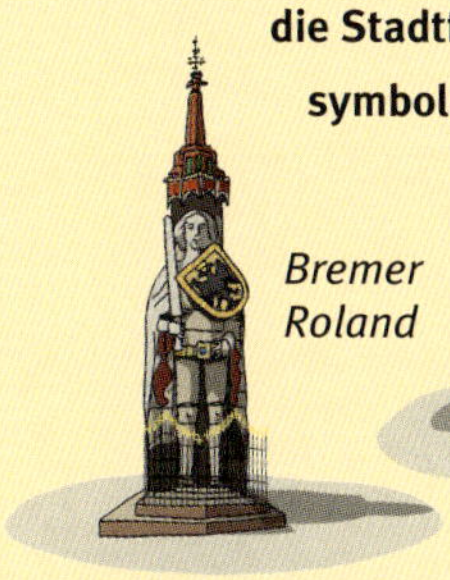
Bremer Roland

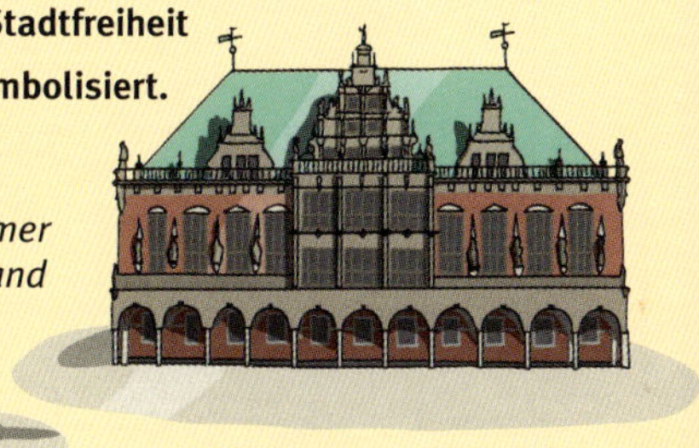
Rathaus von Bremen

30) Muskauer Park (2004)
Die Parkanlage erstreckt sich teilweise auf deutschem, teilweise auf polnischem Boden.

31) Obergermanisch-raetischer Limes (2005)
Der Limes war der römische Grenzwall zu Germanien. Er verlief über eine Länge von 550 Kilometern.

Limes

32) Altstadt von Regensburg mit Stadtamhof (2006)
Regensburg ist die am besten erhaltene mittelalterliche Stadt in Deutschland. Als Sitz des „Immerwährenden Reichstags“ von 1663–1806 war sie ein politisches Zentrum des Heiligen Römischen Reiches Deutscher Nation.

33) Siedlungen der Berliner Moderne (2008)
Die sechs denkmalgeschützten Wohnsiedlungen entstanden zwischen 1913 und 1934 und waren für die damalige Zeit zugleich modern, komfortabel und bezahlbar. Sie beeinflussten die Entwicklung von Architektur und Städtebau.

Zeitleiste

700 000 v. Chr.: Älteste Siedlungsbelege

40 000 v. Chr.: Erst wird der Heidelberger Mensch (homo heidelbergensis, Fundort in Mauer bei Heidelberg), dann der Neandertaler (homo neanderthalensis, Fundort Mettmann bei Düsseldorf) vom heutigen Menschen (homo sapiens) verdrängt.

500 v. Chr.: Im heutigen Norddeutschland leben germanische, im Süden Deutschlands keltische Stämme.

55 v. Chr.: Der Gallische Krieg: Römische Soldaten unter Julius Cäsar erreichen erstmals den Rhein.

ab 16 v. Chr.: Die ersten römischen Städte und Legionslager entstehen, unter anderem in Trier, Neuss, Augsburg, Kempten (Allgäu), Mainz, Andernach, Xanten, Bonn, Speyer, Koblenz und Köln. Trier wird die größte römische Stadt nördlich der Alpen.

9 n. Chr.: Varusschlacht bei Osnabrück: Die Römer verlieren gegen die Germanen drei Legionen und ziehen sich links-rheinisch zurück.

260: Die Römer geben den Grenzwall Limes auf.

um 500: Nach dem Zerfall des Römischen Reichs und der Völkerwanderung entsteht das Fränkische Reich. Chlodwig I. aus dem Geschlecht der Merowinger vereint mit Gewalt und Schlauheit mehrere germanische und romanische Stämme zu einem Großstamm der Franken.

751: Das Königsgeschlecht der Merowinger wird von den Karolingern verdrängt: Pippin der Jüngere wird fränkischer König. Der Name „Karolinger“ stammt vom Vornamen seines Vaters Karl Martell (Karl, der Hammer). Pippins Sohn und Karl Martells Enkel wird der spätere Karl der Große.

800: Karl der Große, König des Fränkischen Reichs, wird römischer Kaiser.

843: Der Vertrag von Verdun: Die Enkel von Karl dem Großen teilen 29 Jahre nach seinem Tod das Reich auf: Das Westfränkische Reich wird Keimzelle des späteren Frankreichs, das Ostfränkische Reich Keimzelle Deutschlands.

919: Der Sachsenherzog Heinrich I. wird deutscher König. Ab dieser Zeit wird das Ostfränkische Gebiet das „Reich der Deutschen“ (Regnum Teutonicorum) genannt. Sein Sohn wird Otto I.

962: Otto I., seit 936 der König der Ostfranken, wird zum Kaiser gekrönt. Der Beginn des „Heiligen Römischen Reichs“, später auch mit dem Zusatz „Deutscher Nation“.

1024–1125: Nach den Ottonen (919–1024) prägt nun das Fürstenhaus der Salier das Heilige Römische Reich.

1077: Gang nach Canossa: König Heinrich IV. ist gezwungen, sich bei Papst Gregor VII. zu entschuldigen.

1138–1268: Das Fürstenhaus der Staufer prägt das Heilige Römische Reich, u.a. mit Friedrich I. Barbarossa, der von 1155 bis 1190 Kaiser war.

ab 1300: Die aufkommenden Freien Städte und Reichsstädte gewinnen an Einfluss: Sie sind zum Teil unabhängig von der Macht der Landesfürsten und unterstehen nur dem König. Im Kriegsfall waren die Freien Städte zum Beispiel von der Heeresfolge befreit.

1347–52: Der „Schwarze Tod“, die Pest, wütet in Europa: Etwa ein Drittel der europäischen Bevölkerung stirbt an der Pest. Verantwortlich werden dafür fälschlicherweise

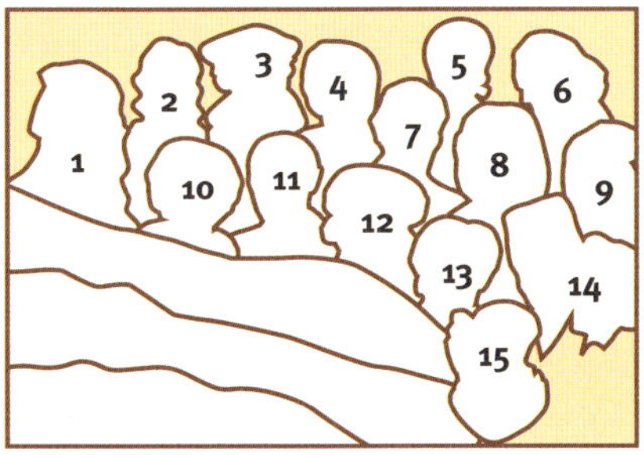

Lösung vom Titelbild:

1) Albrecht Dürer (1471–1528)
2) Bettina von Arnim (1785–1859)
3) Martin Luther (1483–1546)
4) Johann Wolfgang von Goethe (1749–1832)
5) Clara Schumann (1819–1896)
6) Friedrich Schiller (1759–1805)
7) Carl Benz (1844–1929)
8) Johann Sebastian Bach (1685–1750)
9) Maria Sibylla Merian (1647–1717)
10) Marlene Dietrich (1901–1992)
11) Konrad Adenauer (1876–1967)
12) Ludwig van Beethoven (1770–1827)
13) Albert Einstein (1879–1955)
14) Brüder Grimm (1785–1863 und 1786–1859)
15) Annette von Droste-Hülshoff (1797–1848)

Kinderseiten im Internet

Die Kinderseite des Deutschen Bundestages (auch mit Infos über die Kinderkommission)
www.kuppelkucker.de

Das Jugendportal des Deutschen Bundestages:
www.mitmischen.de

Politik für Kinder mit großem Lexikon der Bundeszentrale für politische Bildung:
www.hanisauland.de

Deutsche Geschichte von 1890 bis heute, gefördert von der Bundeszentrale für politische Bildung:
www.deutschegeschichten.de

Neuneinhalb – Kindernachrichten der ARD
www.wdr.de/tv/neuneinhalb

Logo – Kindernachrichten des ZDF
www.tivi.de/fernsehen/logo/start

Die Kinderseite des Bundesministeriums für Familie, Senioren, Frauen und Jugend
www.kinder-ministerium.de

Die Kinder- und Jugendseite des Bundesumweltministeriums
www.bmu-kids.de

Die Kinder- und Jugendseite des Bundesamtes für Naturschutz
www.bfn.de/kids.html

Index

Sohn. Wilhelm I. starb am 9. März im Alter von 90 Jahren. Sein Sohn Friedrich III. wurde sein Nachfolger, war aber schon schwer erkrankt. Nach nur 99 Tagen starb auch er. Sein Sohn wiederum wurde mit 29 Jahren Kaiser Wilhelm II. – der letzte deutsche Kaiser.

1914–18: Der Erste Weltkrieg: Kaiser Wilhelm II. führt das Deutsche Reich an der Seite von Österreich-Ungarn in die Urkatastrophe des 20. Jahrhunderts und verliert. Fast neun Millionen Menschen sterben.

1919: Friedensvertrag von Versailles: Deutschland und seine Verbündeten werden zu Hauptschuldigen erklärt und zu Ausgleichszahlungen an die Siegermächte verpflichtet.

1919–33: Weimarer Republik: Nach dem Rücktritt von Kaiser Wilhelm II. gibt es zum ersten Mal einen demokratischen Bundesstaat in Deutschland.

1933: Nationalsozialismus: Adolf Hitler wird Reichskanzler und schaltet mit dem Ermächtigungsgesetz das Parlament aus – der Beginn der nationalsozialistischen Diktatur.

1939–45: Der Zweite Weltkrieg beginnt mit dem deutschen Überfall auf Polen. Die Nationalsozialisten planen die Vernichtung der Juden und töten sechs Millionen Juden, u.a. in Konzentrationslagern. Insgesamt sterben mehr als 55 Millionen Menschen.

1945: Kapitulation Deutschlands: Die Siegermächte teilen das Land in vier Zonen auf. Auch Berlin wird viergeteilt.

1948–49: Berlin-Blockade: Die Sowjetunion blockiert den Zugang zu Westberlin. Die westlichen Siegermächte versorgen die Berliner über eine Luftbrücke.

1949: Gründung der Bundesrepublik Deutschland und der Deutschen Demokratischen Republik: Aus einem Land werden zwei verschiedene Staaten.

1955: Die Bundesrepublik tritt dem westlichen Verteidigungsbündnis NATO bei, die DDR dem östlichen Warschauer Pakt.

1957: Die Bundesrepublik unterzeichnet mit fünf anderen westlichen Ländern die Römischen Verträge: Dies gilt als Geburtsstunde der Europäischen Union.

1961: Die Regierung der DDR sperrt ihre Bürger ein und lässt an der innerdeutschen Grenze sowie quer durch Berlin eine Mauer mit Todesstreifen bauen.

1963: Frankreich und Westdeutschland schließen mit dem Elysée-Vertrag Freundschaft.

1970: Der Kanzler der Bundesrepublik, Willy Brandt, stellt mit den Ostverträgen die Beziehung zur DDR und anderen östlichen Ländern auf eine ganz neue Grundlage.

1989: Nach einer friedlichen Revolution des Volkes kommt es zum Mauerfall. Die DDR-Regierung öffnet die Grenze.

1990: Am 3. Oktober feiert Deutschland die Wiedervereinigung. Die DDR tritt der Bundesrepublik bei. Wenig später gibt es die ersten gesamtdeutschen Bundestagswahlen.

1999: Kosovokrieg: Der Krieg der NATO gegen Jugoslawien ist der erste Kampfeinsatz deutscher Soldaten nach dem Ende des Zweiten Weltkriegs.

2002: Die D-Mark geht, der Euro kommt: Die neue Währung wird in Deutschland und einigen anderen europäischen Ländern eingeführt.

vielerorts Juden gemacht, die verfolgt und ermordet werden. Viele deutsche Juden fliehen nach Polen.

1370: Der Friede von Stralsund: Die Hanse bezwingt Dänemark und ist auf dem Höhepunkt ihrer Macht. Der Zusammenschluss von nord- und niederdeutschen Kaufmannsstädten unter der Führung von Lübeck treibt mit Schiffen im (In- und) Ausland Handel.

1438–1740: Das Adelsgeschlecht der Habsburger stellt die Kaiser im Heiligen Römischen Reich.

1452: Johannes Gutenberg erfindet den Buchdruck mit beweglichen Bleilettern.

1517: Mit den 95 Thesen von Martin Luther beginnt die Reformation.

1545–1563: Das Konzil von Trient, der Beginn der Reform der katholischen Kirche und der „Gegenreformation“: Protestantische Gebiete sollen zurückgewonnen werden.

1555: Mit dem Augsburger Religionsfrieden ist die Glaubensspaltung vollzogen.

1618: Der Dreißigjährige Krieg beginnt als Glaubenskrieg, ist aber zugleich ein Kampf um Land und politische Macht.

1648: Der Westfälische Frieden von Osnabrück und Münster beendet den grausamen Krieg und stellt die katholische wie die lutherische sowie evangelische Konfession gleich.

1699: Nach mehreren Kriegen gegen die Türken erobert Österreich unter Leopold I. Ungarn zurück und steigt zur Großmacht auf.

1713: Friedrich Wilhelm I. verwandelt als König von Preußen sein Land in einen Militärstaat. Deshalb wird er auch „Soldatenkönig“ genannt.

1724: Immanuel Kant wird geboren. Er ist einer der wichtigsten deutschen Vertreter der Aufklärung. Das 18. Jahrhundert gilt als „Zeitalter der Vernunft“.

1740: Nach dem Tod des „Soldatenkönigs“ wird dessen Sohn Friedrich der Große König von Preußen und macht daraus eine Großmacht.

1804: Napoleon schreibt die bürgerlichen Rechte in seinem „code civil“ fest.

1806: Das Ende des Heiligen Römischen Reichs: Nach dem Aufstieg und den Siegen Napoleons legt Kaiser Franz II. die Reichskrone nieder.

1814–15: Wiener Kongress: Die deutschen Einzelstaaten und Fürstentümer schließen sich nach dem Sturz Napoleons zum Deutschen Bund zusammen.

1815–48: Die Zeit zwischen dem Wiener Kongress und der Märzrevolution wird Vormärz, Restauration oder auch Biedermeier genannt. Die Fürsten wollen die alte Ordnung wiederherstellen und bekämpfen alle nationalen Absichten. Viele Bürger nehmen das zunächst widerspruchslos hin. In der Kunst werden spießige und obrigkeitshörige Kleinbürger als „Biedermeier“ verspottet.

1848: Nach der Märzrevolution tagt im Mai mit der Nationalversammlung in der Frankfurter Paulskirche erstmals ein frei gewähltes Parlament.

1866: Der Norddeutsche Bund wird gegründet, als die Preußen Österreich besiegen. Der Deutsche Bund ist aufgelöst.

1871: Das Deutsche Reich, der erste deutsche Nationalstaat, entsteht: Wilhelm I., König von Preußen, wird noch im Krieg und vor dem Sieg über die Franzosen zum Kaiser ernannt.

1888: Dreikaiserjahr: Im Jahr 1888 regierten in Deutschland nacheinander drei Kaiser: Großvater, Vater und

WAS IST WAS BAND 71 Piraten
WAS IST WAS BAND 72 Heimtiere
WAS IST WAS BAND 73 Spinnen
WAS IST WAS BAND 74 Naturkatastrophen
WAS IST WAS BAND 75 Fahnen und Flaggen
WAS IST WAS BAND 76 Die Sonne
WAS IST WAS BAND 83 Höhlen
WAS IST WAS BAND 84 Mumien aus aller Welt
WAS IST WAS BAND 85 Wale und Delfine
WAS IST WAS BAND 86 Elefanten
WAS IST WAS BAND 87 Türme und Wolkenkratzer
WAS IST WAS BAND 88 RITTER
WAS IST WAS Haie und Rochen
WAS IST WAS Schatzsuche
WAS IST WAS BAND 97 Zauberer, Hexen und Magie
WAS IST WAS Kriminalistik
WAS IST WAS BAND 99 Sternbilder und Sternzeichen
WAS IST WAS BAND 100 MULTIMEDIA und virtuelle Welten
WAS IST WAS BAND 107 Pinguine
WAS IST WAS BAND 108 Das Gehirn
WAS IST WAS BAND 109 Das alte China
WAS IST WAS BAND 110 Tiere im Zoo
WAS IST WAS BAND 111 Die Gene
WAS IST WAS BAND 112 Fernsehen
WAS IST WAS BAND 119 Gebirge
WAS IST WAS POLIZEI
WAS IST WAS BAND 121 Schlangen
WAS IST WAS BAND 122 Bionik
WAS IST WAS BAND 123 Päpste
WAS IST WAS BAND 124 Bergbau Schätze der Erde